幼兒語言與讀寫
課室觀察工具集
使用指南

Miriam W. Smith & David K. Dickinson
Angela Sangeorge & Louisa Anastasopoulos 著

張鑑如、善雲 譯

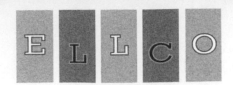

User's Guide to the

Early
Language &
Literacy
Classroom
Observation

Toolkit
Research Edition

Miriam W. Smith, Ed.D., & David K. Dickinson, Ed.D.
with Angela Sangeorge & Louisa Anastasopoulos, M.P.P.

Baltimore · London · Sydney

Originally published in the United States of America by
Paul H. Brookes Publishing Co., Inc.

目錄

CONTENTS

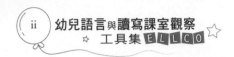

關於作者

Miriam W. Smith 具教育博士學位，現任教育發展中心（Education Development Center, 簡稱 EDC）顧問。聯絡地址為 55 Chapel Street, Newton, Massachusetts 02458。

Smith 博士喜愛與幼兒及幼教老師為伍。從 1987 年起，她在「家庭與學校語言與讀寫發展多年期研究計畫」（Home-School Study of Language and Literacy Development）中，擔任資料收集與分析工作。這份工作使她得以用觀察者和研究者的身分進入許多課室，並開始對能夠增進幼兒語言與讀寫發展的課室環境與教學實務產生興趣。之後她為同隸屬於教育發展中心的兒童與家庭中心（Center for Children & Families）進行研究，這個經歷讓她更加投入與教育界人士的合作，以改善孩童的學習環境。目前在 EDC 擔任顧問的 Smith 博士，仍繼續參與研究、寫作，並從事幼師專業發展工作。身為一個積極參與當地學校與育兒課程的志工，她最喜歡與她的三個孩子一起享受日常生活，對她而言，日常生活就是一個「活的實驗室」。

David K. Dickinson 具教育博士學位，在教育發展中心的兒童與家庭中心擔任資深研究員。聯絡地址為 55 Chapel Street, Newton, Massachusetts 02458。他目前在波士頓大學 Lynch 教育學院任教，地址是 Chestnut Hill, Massachusetts, 02467-3813。

Dickinson 博士曾在賓州當過小學教師，也曾協助過塔夫斯大學與克拉克大學的領導教師教育學程。他與 EDC 的合作，緣起於 EDC 的師資培訓方案。他

之所以會投入教師的專業發展，是因為他和 Catherine E. Snow 從 1987 年起共同主持了一個研究低收入孩童語言及讀寫發展的長期計畫。他將三至五歲學齡前時期的研究結果，發表於《讀寫由口語開始：幼兒在家與在校之學習》（*Beginning Literacy with Language: Young Children Learning at Home and School*, Paul H. Brookes Publishing Co., 2001）一書中。為了讓學齡前教師能更有效地幫助孩童的語言和讀寫，Dickinson 博士於 1994 年著手發展出一套方法。在許多 EDC 人員的協助之下，這個方法變成了專為幼教老師和幼師管理者所設計的專業發展課程。這個學術性課程利用不同的傳遞方式廣為傳授，甚至連線上視訊課程也包括在內。Dickinson 博士的研究著述頗豐，除發表過許多文章之外，亦和 Susan B. Neuman 合編 *Handbook of Early Literacy Research*（由 Guilford Press 出版）一書。

Angela Sangeorge 是教育發展中心顧問。聯絡地址為 55 Chapel Street, Newton, Massachusetts 02458。

Sangeorge 女士目前是俄亥俄州立大學教學與學習學院的客座講師。她擔任康乃狄克州教育局的閱讀／語言顧問，以及讀寫促進計畫（Acceleration Grant）的主任。這個經費達五百萬美元的計畫，主要是撥給費城的學校作為改善幼兒的讀寫能力之用。Sangeorge 女士曾在小學和大學教書，並擔任過校區顧問與州教育局顧問。她從康乃狄克大學獲得六年制的行政暨管理學位，並從康州中央州立大學獲得閱讀／語言碩士學位。

Louisa Anastasopoulos 具公共政策碩士學位，現任教育發展中心的兒童與家庭中心副研究員。聯絡地址為 55 Chapel Street, Newton, Massachusetts 02458。

Anastasopoulos 女士在課室觀察、孩童評量，以及親師訪問方面經驗豐富，主要從事課室品質檢核及幼兒語言和讀寫方面的工作。她曾經協助設計親師訪談提要，並與學前幼兒園所教職員互動頻繁。她的雙語能力對於她和形形色色的教師、家長互動大有助益。Anastasopoulos 女士從喬治城公共政策研究所取得公共政策碩士學位，專長為教育政策。

譯者簡介

張鑑如

美國哈佛大學兒童語文教育博士，國立臺灣師範大學人類發展與家庭學系專任副教授，國立臺北教育大學兒童英語教育學系兼任副教授。學術專長為兒童語言發展、兒童讀寫發展、兒童敘事研究和兒童雙語教育。

善雲

國立臺灣大學外文系學士，國立臺北教育大學兒童英語教育研究所碩士，現職為自由譯者。

致謝

　　我們首先感謝新英格蘭綜合中心（New England Comprehensive Center）的支持。這個機構是由美國教育部資助（經費編號：S283A950037），並由 Wende Allen 和 Maria Paz-Avery 共同主持。他們應康乃狄克州之請，帶頭推動這個課室觀察工具的研發。我們也要感謝以下提供經費支援的機構：美國兒童與家庭署（Agency for Children and Families，經費編號：90YD0017）、跨部會教育研究計畫（Interagency Educational Research Initiative，經費編號：REC-9979948）、教育研究改善局（Office of Educational Research and Improvement，經費編號：R305T990312-00），以及史賓塞基金會（Spencer Foundation）。這些機構所資助的研究，提供了我們在修改工具並證明其效能時所需的資料。

　　「肯尼的故事」原本是和康州教育局合作，為新英格蘭綜合中心而寫的。我們非常謝謝教育發展中心（EDC）的同仁對這個故事所提供的寶貴意見與製作上的協助，不但幫忙審稿，也給了有用的建議。他們是：Wende Allen、Sharon Grollman、Katherine Hanson 和 Meredith Rowe。我們也要感謝康州教育局和康州瓦特伯利校區的 Roberta Abell、Richard Cable、Mitchell Chester、Amy DeLucia 和 Angela Rose。

　　我們也要向 EDC 的副總裁、同時也是 EDC 兒童與家庭中心的主任 Joanne Brady 致謝，她是首先提出這個課室觀察工具構想的人，並且長期支持這個工具的研發。

　　最後要向歡迎我們進入課室的幼兒園教師們表達謝意。

譯者序

　　六年前因為執行國科會專題研究計畫，我需要一套工具來評估研究對象就讀幼兒園所的語文環境，然而遍尋國內兒童語文評估工具卻沒有斬獲。在一篇國外的研究中我發現了《幼兒語言與讀寫課室觀察（ELLCO）工具集》，這套工具包括：（1）讀寫環境檢核表（2）課室觀察和教師訪談，以及（3）讀寫活動評分量表，涵蓋語文課室環境和活動的許多面向，內容相當詳盡完整。然而必須提醒讀者的是，ELLCO 是在美國發展出來的評量工具，如何使用該工具來評估國內的兒童語文課室則有待討論和進一步的研究。

　　在此工具集的使用指南第五章「促進幼兒讀寫的有效因素——肯尼的故事」中，作者引述美國最新早期讀寫研究結果，強調全語文教學法應與傳統特定技能的教學法結合，並提出學者和教師一致之看法：「在成功的幼兒讀寫教學中，以意義為基礎的教學與技巧導向的教學二者間，有著互相依存、密不可分的關係」（頁 39）。在國內幼兒園所，全語文教學和技巧導向教學應該扮演何種角色，兩者之間的關係為何，一直尚未釐清，有待國內研究者之努力。

　　忽忽六年過去了，就我所知，國內目前仍無兒童語文課室評估工具。藉由翻譯此書，希望可以提醒老師、家長和教育工作者注意語文課室和環境的重要性，並期勉自己或有興趣的研究者盡快研發適合評估國內兒童語文課室的工具，從事幼兒語文發展和教育的基礎研究。一直很盼望國內幼兒園所有高品質的語文環境和學習活動，這套工具在「課室觀察」部分列為「堪稱模範」的指標，或許可以提供大家作為參考。

　　最後，本書之完成要感謝心理出版社陳文玲小姐細心的校對與協助，也感謝善雲小姐在百忙中協助合譯。

張鑑如　謹致
二○○七年六月

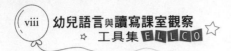

第一章

概說

　　自 80 年代起，有個愈來愈明顯的現象，那就是孩童的讀寫從托兒所時期開始發展，並在課室和家庭中得到支持與培養（譯註：本書托兒所指在美國收托三至五歲幼兒之學前教育機構，而幼稚園則指在美國一般五歲以上幼兒所就讀之學校，為義務教育）。雖然幼兒（譯註：本書幼兒指 3 至 8 歲孩童。）讀寫議題存在著許多爭論，但是，學者們逐漸取得共識，托兒所、學前和低年級這幾年是增進孩童讀寫發展的黃金時期。幼兒語言與讀寫課室觀察（ELLCO）工具集是以學術研究為基礎，並以研究人員和教師為使用對象的一種綜合性觀察工具，目的是要了解課室對孩童語言和讀寫發展能夠提供多少支持。

　　ELLCO 工具集由三個互相關連的研究工具所組成。第一個工具是**讀寫環境檢核表**，它的功能是讓使用者熟悉課室的結構和內容。第二個工具是**課室觀察和教師訪談**，它針對語言和讀寫環境的品質，以及教師在此課室的教學經驗進行客觀的評分。第三個工具是**讀寫活動評分量表**，它告訴使用者所觀察到的讀寫活動有哪些特性，以及這些活動共花了多少時間。

　　根據原本的設計，ELLCO 工具集要整套一起使用以進行資料收集，並勾勒出三歲（托兒所）至八歲（小學三年級）孩童課室的基本樣貌。它們曾被廣泛使用在美國三個州的托兒所課室研究上。工具集的第二部分，也就是「課室

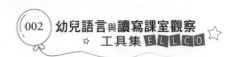
觀察和教師訪談」，也曾運用於數個都會學區的學前和低年級課程評鑑中。

ELLCO 工具集的用途

　　ELLCO 工具集可以幫我們找出在學前教育及學前和低年級課室中，哪些教學實務和環境對幼兒識字和語言發展是有助益的。當研究者、管理者和教師之間彼此討論應採取何種教學實務和策略以改善學生的學習表現時，ELLCO 可作為這些討論的催化劑。ELLCO 工具集也可以用來證明目前的教學方法合於實務上的標準，並追蹤學生長期的學習進展。它包含了一套課室裡的觀察工具，其用途如下所述。

研究

　　ELLCO 工具集可以用在學術研究上，作為幼兒語言和讀寫發展的課室品質和課程指標。目前，托兒所和小學正致力於課程和教學實務的發展，以提升幼兒的讀寫能力。如果研究者想要以幼兒讀寫教學標準來衡量課程的實施成效，這個工具集就會十分有用。當我們把學生的讀寫成果拿來作為這個研究工具的佐證（例如用幼兒讀寫發展測量工具來衡量孩童的表現），我們便能更了解教學活動和課程本身的實際情況，並看出課室和孩童的表現是否有了改善。

　　ELLCO 工具集可讓各類商業性或家庭式幼兒讀寫課程呈現出它們的優缺點。因為這個工具集是以讀寫教學的最佳範例為基礎，所以，用這個工具集觀察而來的課室和教學資料，讓我們能夠以一種不帶偏見的中立觀點來看待幼兒讀寫課程。此外，這個工具集也提供我們衡量成長的基準。它可以作為教學之前或之後的測量工具，或經由重複觀察來評量孩童的學習進展。

學校改善的規劃

ELLCO 工具集可以使用在學校改善的規劃上。它可作為一種有持續性、有系統的評量方法，並指導我們如何改善幼兒讀寫教學。這個工具集提供我們一個監督全校幼兒讀寫課程進展的工具。研究報告顯示，學校改進計畫的特徵包括：教學活動的時間長度、學習策略的教導、落後學生的輔導、語言教學環境的營造，以及各種教學和評量技巧。這個工具集可讓行政人員根據良好的幼兒讀寫教學實務的特徵，來測量學生的進步情形，而這些作為衡量標準的教學實務，其成效都已獲得研究的證實。當我們將這個工具集與學生的學習成果評量合併使用時，此工具集便可告訴我們現有或新開的課程有多少實質的成效。

教學管理

ELLCO 工具集也可以用於教學管理。它可以用來分析課室實務，也可以作為促進教師、教學管理者及校長間討論教學實務的共同基礎，來彼此商量要用什麼樣的教學來支持孩童的語言和讀寫發展。1998 年，Snow、Burns 和 Griffin 強調了教學管理的重要性：

> 地方行政區必須給教師足夠的支援和協助，以確保閱讀教學的成效。行政區需要監督教學上的變革，而不要誤以為只要施行了某個政策，它就會一路貫徹到學校和課室裡。一旦實施了某個政策，行政區就要繼續監督下去，以確保結果能符合預期，並在必要時修正作法，以確保未來能持續進步。（p. 305）

對教學管理者和校長而言，ELLCO 工具集可以幫助他們將讀寫教學方面

的研究與他們從課室收集到的證據相連結。學校的教職員在受過適當的訓練之後，就可以使用這個工具集來引導教師，幫助他們增進教學能力，使教學更有成效。

專業成長

最後，ELLCO 工具集可促進教師的專業成長，把當前的幼兒讀寫理論與實務介紹給教師，並建構幼兒語言和讀寫經驗的共同願景。這本使用手冊包括「肯尼的故事」這篇小品文，這篇故事的目的是要讓人們持續討論課室教學的議題，並改善教學實務。此外，這整套工具集的內容與下列兩本書的研究結果是一致的，其中一本是《防止兒童閱讀困難》（*Preventing Reading Difficulties in Young Children*, Snow et al., 1998），另一本是《學習讀與寫：適合幼兒發展階段的教學實務》（*Learning to Read and Write: Developmentally Appropriate Practices for Young Children,* International Reading Association [IRA] & National Association for the Education of Young Children [NAEYC], 1998）。而且，這本工具集也與其他近期的研究報告結果相符。

　　為了讓孩子有最好的讀寫發展，所有的幼教老師需要具備語言習得方面的知識，包括第二語言學習、讀寫過程、早期讀寫發展和教學實習。（IRA & NAEYC, 1998）

　　光是提供教師新的教學策略，不一定能改變現有的教學行為。（Goldenberg & Gallimore, 1991）

　　教師成長課程應要有互動性，且要提到教師信念與教學實務上的知識。而且，它也應該檢驗其他的教學實務，用它們來舉例說明何謂教

師信念和研究知識。（Hamilton & Richardson, 1995）

ELLCO 工具集可以有效促使教師反省其教學，並對學生的學習產生責任心。它所提供的課室和課程概況，對於教學實務與課室環境的討論而言，是個極佳的催化劑。當分享課室觀察結果的時候，教師們可以彼此切磋教學技巧，來改進這個學校所採行的幼兒讀寫教學方法。這個工具集可幫助教師專注在有助於學生讀寫成長的教學實務上，並協助教師更能夠找出成功的讀寫教學的特性，檢驗自己的教學技巧，並且長期改善教學。

ELLCO 工具集的基本前提

ELLCO 觀察工具有幾個重要的前提，它們與孩童早期讀寫發展的本質有關，也和課室的條件和機會有關，而這些條件和機會，對讀寫發展有正面或負面的影響。這些重要的前提包括：

- 在課室裡要給孩童機會使用並練習口語和讀寫萌發技巧，而這課室的結構要能培養孩童的主動性，讓他們積極參與學習，並將讀寫和其他領域的學習目標相結合。
- 幼兒對語言和文字的興趣剛開始萌芽，教師要負責留意並善用它。
- 教師有責任讓孩童參與學習活動，在活動中教導、強化孩童應該學習的技巧。
- 對於不同的讀寫技巧和個別的學習需要，教師有責任去了解、評量並適當地回應。

□ 要在孩童的口語使用、參與延展談話的機會，以及萌發中的幼兒讀寫技巧三者之間建立起連繫。

□ 在促進語言、讀寫和學習的考量下，決定課室的結構、教材的提供和時間的安排。

□ 教師計畫的課程，要能夠支持孩童的語言、書寫和閱讀發展，並在課室進行很多讀寫和語言活動。

□ 由教師使用一系列具持續性的評量技巧，來評量學習、調整教學、與專家溝通，並協調資源與人力。

□ 家庭的參與，對孩童早期的讀寫也有助益。

本工具集包括三個部分，而且它們都與這個理論基礎相通：

1. 讀寫環境檢核表
2. 課室觀察和教師訪談
3. 讀寫活動評分量表

ELLCO 工具集的主要內容

第一個工具「觀察記錄」可幫助觀察者記下此次課室參訪所得到的資訊（例如教師數、學生年級別或年齡別）。

「讀寫環境檢核表」讓使用者利用一張清單，快速地評量課室裡與讀寫有關的內容。根據設計，它是在較具綜合性且較集中的「課室觀察和教師訪談」之前使用，好讓使用者熟悉課室，並注意到讀寫環境中的某些特定觀察重點。

「課室觀察和教師訪談」包括十四個各自獨立的讀寫教學實務面向和一個簡

短的後續訪談，適用場所為托兒所、幼稚園和小學低年級。這些面向分為兩大類：（1）「課室環境概況」以及（2）「語言、讀寫和課程」。觀察者給每個面向的分數從 1 分（缺乏不足）到 5 分（堪為模範）不等。而簡短的教師訪談是在觀察之後進行，作為觀察記錄的補充資料。

「讀寫活動評分量表」是在結束課室參訪前使用，為所觀察到的讀寫活動作個總結。共有九個評分項目，分成「書籍閱讀」和「書寫」兩類。

工具集的最後一頁是「得分單」，用來記錄各分項的得分，再計算出每個部分的總分。

 # 哪些人應該使用 ELLCO 工具集？

我們建議 ELLCO 工具集的使用者必須對零至八歲的兒童語言和讀寫發展有一定程度的了解，並且曾經教過幼兒園至小學三年級孩子。可能使用 ELLCO 工具集的人士包括：

- 對觀察、評量幼兒與學前和低年級孩童的語言和讀寫經驗有興趣的研究者。
- 本身受過幼兒讀寫訓練，且對協助教師有興趣的教學主管。
- 同樣懷抱著促進幼兒讀寫教學的理想，並想要使用評量工具來提出報告、呈現資料的幼師專業發展人士。
- 想要使用工具來評量本身在課室的教學實務與策略的教師。

若想要使用 ELLCO 工具集，必須接受什麼訓練？

ELLCO 工具集是一個複雜的觀察工具，若想使用得當，必須先受過訓練。如同之前所言，擁有相關知識背景、經驗和訓練[1] 的人才能夠效度、信度兼具地使用這個工具。訓練過程至少九小時，內容包括：

- 針對有效的幼兒語言與讀寫教學發展出共識，而幼兒的年齡層涵蓋了從學前到小學三年級的孩童（一般是透過引導閱讀、團體討論和分析「肯尼的故事」）。
- 透過每個項目的綜合分析，以及它們在錄影個案的應用，來學習如何使用「課室觀察」工具。
- 透過錄影個案，以及在輔導員陪同之下所進行的現場實地觀察，來練習使用「課室觀察」工具。

---

[1] 若想了解 ELLCO 工具集訓練講習課程，請洽 Paul H. Brookes Publishing Co.（可撥電話 1-800-638-3775 或寫信至 custserv@brookespublishing.com）。提供訓練的單位是隸屬於教育發展中心的兒童與家庭中心（Center for Children & Families, Education Development Center, Inc.）。

如何進行課室參訪？

進行課室參訪是為了要了解教學環境的概況與教學實務典型。應該在觀察之前與要被觀察的教師連絡，以徵得教師的同意，並將時間事先安排妥當。最有效的方法，就是詢問教師最可能進行語言和讀寫活動的時機，然後再將觀察行程安排在那個時段。

我們深信 ELLCO 工具集的使用者應受過適當的訓練，且儘量以二人一組的方式來進行課室參訪或觀察。第一，每個觀察者要各自就每個項目進行評分。課室參訪結束之後，觀察者要討論觀察結果，彼此交換心得。評分者的態度應公平公正，在收齊資料、完成分析之前，應避免遽下評論。

使用指南的內容

第二至四章是說明 ELLCO 工具集的細節，解釋這些工具的結構，以及應如何使用、如何評分。第五章是「肯尼的故事」。這個可愛的小故事簡明扼要地告訴讀者，在一個典型的幼兒課室裡，有效的幼兒讀寫教學的要素有哪些。這個故事是以目前已知能夠促進幼兒讀寫發展的研究與教學實務為根據，幫助我們建立幼兒讀寫的共同認知基礎。我們將「肯尼的故事」視為了解與使用 ELLCO 工具集的基本條件。本書最後有建議使用的資源清單和技術性資料附錄，附錄的內容是關於本工具集三個主要部分的心理計量特性，包括評分者間信度、內在效度、重測信度、工具間的相關性，以及它們與其他幼兒觀察工具的相關性。

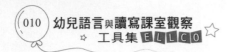

010 幼兒語言與讀寫課室觀察
☆ 工具集 ELLCO ☆

□ □ 參考文獻 □ □

Goldenberg C.N., & Gallimore. R. (1991). Changing teaching takes more than a one-shot workshop. *Educational Leadership, 49*(3), 69–72.

Hamilton, M.L., & Richardson. V. (1995). Effects of the culture in two schools on the process and outcomes of staff development. *Elementary School Journal, 80*(5), 269–277.

International Reading Association (IRA) & National Association for the Education of Young Children (NAEYC). (1998, July). Learning to read and write: Developmentally appropriate practices for young children. *Young Children, 53*(4), 30–46.

Snow C.E., Burns M.S., & Griffin. P. (Eds.). (1998). *Preventing reading difficulties in young children.* Washington, DC: National Academy Press.

讀寫環境檢核表的使用

ELLCO 工具集共有三個觀察工具，第一個就是「讀寫環境檢核表」。依照設計，它應和「課室觀察和教師訪談」以及「讀寫活動評分量表」一起使用。最先應使用的是「讀寫環境檢核表」，因爲它可以很快地列出一份清單，告訴我們課室裡與讀寫有關的項目有哪些。使用過的人們發現，這個檢核表可以在進行「課室觀察和教師訪談」前有效幫助他們熟悉課室的環境與內容。

讀寫環境檢核表的結構

「讀寫環境檢核表」共有二十四個項目，分成五類：

- 圖書區（共三項）：此分類是關於課室內圖書區的擺設。適用於有圖書區的課室。

- 圖書的選擇（共四項）：此分類可讓觀察者留心課室內書籍的數量、種類和狀況。

- 圖書的使用（共五項）：此分類是關於課室內書籍擺放的位置，以及它

們是否放在孩童容易取得的地方。

- □ 書寫材料（共六項）：此分類是關於孩童是否容易取得各式書寫工具。
- □ 教室週遭的書寫（共六項）：此分類是關於書寫活動的證據，像是展示在課室裡的孩童寫作成品，或是由學生唸出、再由教師寫下來的文字。

檢核表的項目均附詳細說明，並要求觀察者必須觀察課室的環境和內容。

完成讀寫環境檢核表

最適合使用「讀寫環境檢核表」的時機，就是孩童不在場或在教室從事較靜態活動的時候（例如戶外遊戲時間、午餐或點心時間，以及團體討論時間）。對於觀察者而言，能夠自由地在教室裡走動，調查教室裡與讀寫有關的基本要項，並可以操作教材是很重要的。一般來說，觀察者可在 15 至 20 分鐘內將檢核表填寫完成。

讀寫環境檢核表的評分

「讀寫環境檢核表」中的每個項目都有清楚的評分說明。當每個項目都給分之後，每個觀察類別會有一個分數的小計（見圖 1，p.14）。各類別的分數小計要寫在工具集最後面的「得分單」上，以計算「讀寫環境檢核表」的總分。

觀察完課室之後，評分員要將他的評分結果與其他的評分者互相比較、檢查，以建立評分者間信度。（「技術性資料附錄」裡有許多「讀寫環境檢核表」

的心理計量資料，包括評分者間信度。）兩位評分員的給分不需完全一樣，但彼此之間要維持某種程度的一致性。重要的是，觀察者要定期與受過訓練的人討論，以確保自己的評分合於檢核表的項目與標準。此外，與別人討論如何給分，對專業發展有很大的幫助。

圖書的使用

在下列區域，孩童可輕易取得幾本書？若該和圖書區是分開的，那麼只要計算此區的圖書數量即可。例如，若積木區也作圖書區使用，積木區內的圖書數量需圈讀「0」。

8. 科學區有幾本書？

圈選： 0本 1-3本 4本以上
　　　 0 　① 　 2

9. 戲劇扮演區有幾本書？

圈選： 0本 1-3本 4本以上
　　　 0 　1 　 ②

10. 積木區有幾本書？

圈選： 0本 1-3本 4本以上
　　　 ① 　1 　 2

11. 圖書區以外的其他區域有幾本書？
（不包括圖書區）

圈選： 0本 1-3本 4本以上
　　　 ① 　1 　 2

請列出區域名稱： 感官區（裝池池的卷翠本書）

12. 有沒有讓孩子可以聽書／故事的地方？

圈選： 是 否
　　　 ① 0

在教室內，有聲書區不必是一個固定的區域。然而，在進行課堂觀察當天，有聲書區必須呈現良好狀態，而且該童可以在沒有大人協助的情況下使用。

圖書的使用 得分： 5

書寫材料

13. 有掛字母表嗎？

圈選： 是 否
　　　 ① 0

此項目包括但不限於以下物品：字母海報、描字母的模板和字母得塊，字母的高度須與孩童的眼睛高度一致，或放在方便他們拿取的地方。

14. 有沒有字卡和常見字字卡嗎？

圈選： 是 否
　　　 ① 0

例如用圓形的卡片圈將名字卡串起來，或是將用字卡貼在書寫區上方或附近的牆上。字卡必須放在可以幫助孩童書寫的地方。（字卡不包括教室內物品的標籤）。

15. 有沒有模板或工具可以幫助孩童畫出字母的外形？

圈選： 是 否
　　　 ① 0

例如描字母的模板、砂紙字母板或橡皮章等等。

16. 有幾種紙張可供書寫？

圈選： 0 1-2種 3種以上
　　　 0 　① 　 2

例如圖畫紙、畫了橫線的紙或沒畫線的白紙、描圖紙等等。

17. 可取得幾種書寫工具？

圈選： 0 1-2種 3種以上
　　　 0 　① 　 2

例如鋼筆、鉛筆、麥克筆、蠟筆、彩色筆、字母磁鐵、白板、打字機等等。

圖1 填寫完成的「讀寫環境檢核表」範例

3

課室觀察和教師訪談的使用

「課室觀察和教師訪談」是 ELLCO 工具集的第二部分，適用於托兒所、幼稚園及國小低年級班級。「課室觀察」的內容為教室裡語言和讀寫教學實務須具備的條件，而這些條件是辨別教學品質優劣的重要標準。因為這些觀察項目的鑑別度高，所以我們強烈建議在使用之前必須接受適當、可靠的訓練，而且，如同之前所說，必須盡可能由兩個觀察者同時進行課室觀察。「課室觀察」共含十四個項目，以檢視課室讀寫教學實務的不同面向。根據過去的使用和研究經驗，這些項目分為兩大類別：（1）「一般課室環境」和（2）「語言、讀寫和課程」。其中與閱讀和寫作有關的兩個項目各有兩種版本，一為托兒所及幼稚園版本；一為學齡版本。

課室觀察和教師訪談的結構

以下為「課室觀察」的兩大類別和十四個項目：

一般課室環境

1. 課室安排

2. 課室內容

3. 電子器材的陳設與使用

4. 孩童選擇和主動學習的機會

5. 教室管理策略

6. 教室氣氛

語言、讀寫和課程

7.　口語的促進

8.　書籍的多寡與擺設

9P.　教導閱讀書籍的方法（托兒所及幼稚園版本）

9S.　閱讀教學（學齡版本）

10P. 教導孩童書寫的方法（托兒所及幼稚園版本）

10S. 書寫機會和書寫教學（學齡版本）

11.　課程統整的方法

12.　認識教室裡的多元性

13.　增進家庭對讀寫的支持

14.　評量的方法

　　每個「課室觀察」項目皆以五個等級來評分。分數愈高，代表該項目的表現愈好。語言與讀寫環境的五個評分等級為：

5 堪為模範

4 已臻熟練

3 達基本要求

2 尚屬有限

1 缺乏不足

　　每個「課室觀察」項目的 5 分（堪為模範）、3 分（達基本要求）和 1 分（缺乏不足）都有文字敘述，亦稱為評分規準。中間的兩個等級，即 4 分（已臻熟練）和 2 分（尚屬有限），則是用來區別 5 分、3 分和 1 分之間的差異。在每個等級的內容簡述裡，開頭的描述都是一致的：

□ 若該項目**堪為模範**，第一句都是：**有相當明確的證據顯示……**
□ 若該項目**達基本要求**，第一句都是：**有一些證據顯示……**
□ 若該項目**缺乏不足**，第一句都是：**僅有少數證據顯示……**

　　請注意，這些句子裡都有像是**明確、一些、少數**之類的關鍵字，它們是用來提醒我們必須擁有什麼程度的證據，才能符合該評分標準。
　　在每個項目簡述的右邊，則分項描述了該項目的特性，觀察者應該依照這些特性來評分。每個等級的文字描述，在句型上大致雷同，以區分不同等級所表現出來的質的差異（見圖 2）。

5	4	3	2	1
堪為模範		達基本要求		缺乏不足
有**相當明確**的證據顯示，教師用來幫助孩童書寫發展的方法是有系統的。		有**一些**證據顯示，教師用來幫助孩童書寫發展的方法是有系統的。		**僅有少數**證據顯示，教師用來幫助孩童書寫發展的方法是有系統的。

圖 2 ELLCO 工具集的「課室觀察」範例。觀察者應依照項目所描述的特性來評分

例如，在 10P 項目（教導孩童書寫的方法）中，堪爲模範和達基本要求這兩個等級的不同之處，便在於書寫教材的質量差異——前者提供了多樣的動機和機會，而後者只提供了一些機會而已。在達基本要求這個等級當中，文字不一定和圖畫分離。然而，在達基本要求和缺乏不足這二個等級之間，也存在著一個清楚的質的差異——前者提供了一些機會和教材，後者則提供很少的機會或教材，甚至完全沒有提供。

簡要的「教師訪談」包含訪談提要，觀察者可以依照提要裡的問題向教師請教，作爲課室觀察的補充資料。若無法透過這些問題得到足夠的資訊，觀察者還可使用額外的問題。

進行課室觀察和教師訪談

課室觀察是由受過訓練的觀察者依照評分規準來爲「課室觀察」的十四個項目評分。如同前述，每個觀察者都應使用自己手中的工具獨立評分；在教室參訪之後，觀察者應就此行的發現互相比較、討論。參訪資料都記錄在 ELLCO 工具集的第一頁「觀察記錄」中，包括日期、時數、出席人數、使用的語言別等等。

觀察程序

課室觀察應在讀寫區進行，或趁學生和教師正在從事與讀寫有關的活動時進行（例如，團體閱讀和討論、自由活動時間進行的書寫活動、閱讀討論小組）。我們建議觀察者先巡視一下教室，以熟悉環境和教材（巡視的同時可將「讀寫環境檢核表」填寫完成）。「課室觀察」約需時 30 至 40 分鐘。重要的

是，觀察者要把注意力放在全體教室成員所參與的活動和彼此的互動上，而不光是注意教師而已，因為這個工具的評量對象包括了教學、學習和環境。

第九項和第十項有兩種版本，一為托兒所及幼稚園版本（「9P：教導閱讀書籍的方法」和「10P：教導孩童書寫的方法」）；一為學齡版本（「9S：閱讀教學」和「10S：書寫機會和書寫教學」）。這兩種版本呈現了相同構念下的不同發展水準。這兩種版本觀察者都應熟悉。在進行教室參訪之前，觀察者應該先就這兩個評分項目，在評分單上選好適合該教室的題目版本。

若觀察的場所是幼稚園，觀察者可採用托兒所及幼稚園版本或學齡版本。若觀察的是幼稚園至小學三年級的課程，觀察者則應著眼於工具的接續性，採用學齡版本來評分。只有在幼稚園課室裡，兩種版本都可使用。

教師訪談程序

教室參訪應包含簡短的教師訪談（約 10 分鐘），以釐清課室觀察的結果。訪談通常緊接在「課室觀察」之後進行。事先和教師約好，讓他們能夠離開教室回答問題、分享資訊，這樣對訪談會很有幫助。

教室參訪一開始，觀察者應向教師說明這十分鐘的簡短訪談，將有助完成觀察期間的資料收集工作。訪談時，觀察者應使用訪談提要和建議的提示語。提示語的目的很廣泛，主要的目的是在「課室觀察」的項目之外，收集更多的資料。觀察者只需詢問必要的問題，以完成評分。重要的是，觀察者要在他們親眼所見與教師的陳述間取得平衡點，而觀察者對前者的倚重應大於後者。將教師的回答記錄下來，並在參訪後完成「課室觀察」的評分，對觀察會有所助益。

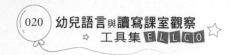

課室觀察的評分

　　觀察者依照評分規準來為十四個觀察項目評分。可以一邊進行觀察一邊給分，或在完成觀察和訪談之後給分，再把分數謄寫在 ELLCO 工具集最後面的得分單上面。觀察者必須根據觀察所得，並參考評分規準來為每個項目給分。在可能的情況下，觀察者的給分應落在主要的三個等級之一，即 5 分、3 分或 1 分。如果觀察所得的證據和特徵落在兩個等級之間，或者它們顯然是二個等級的綜合，則可以給 4 分或 2 分。觀察者應儘可能在空白處寫下細節與例子，作為給分的依據。對於觀察者而言，它是一種評分的自我檢查，並可培養觀察者針對個別項目評分的能力（也就是依照每個項目的評分條件來給分），而不是以整體來評分（也就是說，一個項目的得分不受其他項目得分的影響，也不會依照教室的整體情況或教學品質來給分）。

在進行課室觀察評分時使用教師訪談

　　在給「課室觀察」最後的總分之前，一定要先完成「教師訪談」。從「教師訪談」收集到的資料，可以作為觀察結果的補充。因為一次的課室參訪可能無法觀察完所有的項目，所以當我們沒有把握對某個「課室觀察」項目給分的時候，就應進行「教師訪談」。研究結果顯示，過去使用「課室觀察」工具時，有部分項目一定要由觀察者提問，才能收集到資料，像是「課室觀察」的「電子器材的陳設與使用」（第三項）、「課程統整的方法」（第十一項）、「增進家庭對讀寫的支持」（第十三項）和「評量的方法」（第十四項）。評分時，一定要以觀察到的結果為優先；所以，若有無法只憑觀察給分的項目，我們才需要透過

訪談來得到資料。

確保評分的可靠性

　　和「讀寫環境檢核表」的程序一樣，課室參訪人員必須在觀察之後，和同行的觀察者互相討論、比較評分結果，以建立評分者之間的共識。（請參考「技術性資料附錄」的評分者間信度）。在進行評分討論的時候，兩位觀察者最好儘可能多參照評分規準。兩位觀察者的給分不須完全相同，但彼此之間要有某種程度的一致性，也就是說，二人的給分差距不應超過1分。

第四章

讀寫活動評分量表的使用

「讀寫活動評分量表」是 ELLCO 工具集的第三部分。依照設計，它必須和「讀寫環境檢核表」以及「課室觀察和教師訪談」合併使用，而它的使用順序是在二者之後。評分量表的目的是要了解課室參訪中閱讀課的節數和書寫活動的數量。

 讀寫活動評分量表的結構

「讀寫活動評分量表」共有九題，分為「書籍閱讀」和「書寫」兩類。前三個問題是問使用者共觀察到了幾節全體閱讀課，花在閱讀活動上的時間有多久，以及總共讀了幾本書。這些問題必須用兩種方式來記錄：一為數字（例如：總共閱讀了 15 分鐘），二為分數（例如：5-10 分鐘的分數是 1 分；請見圖 3）。所收集到的每筆資料都很重要，因為可以利用這些資料進行不同的分析。例如，有的人可能會想知道教師和孩童一起閱讀的平均分鐘數，而非它的平均分數。

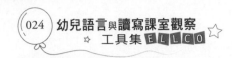
書籍閱讀

1. 你觀察到幾次全體閱讀活動？　　　　　　　　　　　　　　　　　　3 次

	0	1次	2次以上
圈選：	0	1	②

請寫上確實的次數並圈出正確的分數。

2. 全體閱讀的時間共幾分鐘？　　　　　　　　　　　　　　　　　　12 分鐘

	少於 5 分鐘	5-10 分鐘	10 分鐘以上
圈選：	0	1	②

請寫上確實的時間並圈出正確的分數。

3. 在全體閱讀活動中共讀了幾本書？　　　　　　　　　　　　　　　　3 本書

	0本	1本	1本以上
圈選：	0	1	②

請寫上確實的冊數並圈出正確的分數。

圖 3　「讀寫活動評分量表」範例。請注意，第 1 至 3 項及第 8 項有兩種記錄方式：一為原始數字，一為分數

完成讀寫活動評分量表

　　觀察者必須從課室參訪中收集資訊以完成「讀寫活動評分量表」。因為評分量表要求觀察者計算出課室參訪期間發生的閱讀與寫作活動總數，觀察者必須等到參訪結束才能完成所有項目的評分。然而，一旦參訪結束，評分的工作只要幾分鐘就可以完成。

　　在閱讀與書寫活動正在進行的同時，觀察者最好一邊作記錄。此外，在進行課室參訪之前，觀察者應該熟悉「讀寫活動評分量表」的所有項目，這樣他們才會注意到觀察標的。

讀寫活動評分量表的評分

　　完成所有項目的評分之後，應算出「書籍閱讀」和「書寫」兩個類別的分數小計。分數小計應寫在得分單上，以計算「讀寫活動評分量表」的總分。

　　與其分析「讀寫活動評分量表」的總分，使用者可能會覺得分析「全體書籍閱讀」和「書寫」兩類的分數小計會更有意義（相關訊息請參考「技術性資料附錄」）。全體書籍閱讀包括第一至三項，三項加總最低 0 分，最高 6 分。書寫包括第六至九項，四項加總最低 0 分，最高 5 分。

　　和「讀寫環境檢核表」的程序一樣，評分者必須在觀察之後，和同行的評分人員互相比較評分結果，以建立評分者之間的共識。兩位評分者的給分亦不必完全一致。（請參考「技術性資料附錄」的評分者間信度）。

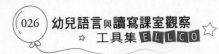

第五章

促進幼兒讀寫的有效因素[1]
──肯尼的故事

　　ELLCO 工具集給了教育工作者和研究者一個具體的方法，來檢驗課室裡的讀寫特徵。 ELLCO 工具集和使用指南的目的之一，就是讓幼教從業人員更了解促進讀寫學習的因素有哪些，以幫助他們改善課室內的讀寫和語言學習的品質。不論在執行 ELLCO 工具集之前或之後，「肯尼的故事」可以幫助教師和觀察者了解課室觀察和讀寫評分實務的情境與重要性。這個故事可作為一個起點，讓教師在完成 ELLCO 工具集之後，或當他們反省自己的教學時，思考如何改善實務，以及如何增加幼兒對語言與文字的經驗。

　　肯尼的故事是個虛構的故事，描述一位非裔美籍的小男孩在一所都會區的大型公立學校上幼稚園所發生的事情。故事描寫肯尼早期讀寫經驗的特徵和內容，而一開始他的讀寫萌發行為，是在教室自由活動時間和班上的小朋友共同產生的。在這段開頭的小插曲之後，作者提到了一些過去做過的相關研究，這些研究告訴我們早期讀寫經驗的重要性，以及如何在教室和學校裡促進早期讀寫能力的方法。本文包含以下部分：

---

[1] 本章亦刊載於 http://www.brookespublishing.com/ellco

- 幼兒讀寫經驗的重要性
- 促進幼兒讀寫能力的方法
- 幼兒讀寫學習的重要特徵
- 從讀寫萌發到正規讀寫
- 因材施教的重要性（包括評量的方法和特別教學所扮演的角色）
- 課室外的幼兒讀寫學習：家庭與學校間的連繫以及由社區辦理的課程

這篇文章的目的是給教師、專家和教學主管一個簡要而完整的概念，讓他們了解幼兒讀寫學習的要素有哪些，其中穿插了一些肯尼讀寫學習的片段作為範例說明。我們從課室出發，再擴大到學校、家庭和社區。在本文的最後一部分，我們針對教學實務和政策向教師及教學主管提出建議。

在讀幼稚園的某一天，肯尼、喬丹和路易在教室的一角玩大塊的空心積木和各式塑膠爬蟲類動物（像蛇、蜥蜴、恐龍等等）。當他們的老師——福特老師走過的時候，肯尼告訴她，他們正在幫蛇蓋一座「動動腦迷宮」。福特老師注意到這些小男孩參考一本關於迷宮的書，熱烈地討論要如何把積木堆成書本裡他們所選擇的那座迷宮的樣子。當他們堆積木的時候，他們一再回頭看那本書，用手指描那座迷宮的路線。

當福特老師宣布清理時間到了，從積木區傳來一陣大聲的抗議。「我們還沒好！」男孩子們大叫。「是啊，蛇可能會逃走。」肯尼說。當其他的小朋友開始收拾東西，福特老師幫這群堆積木的孩子想一些方法來保留這個積木作品。男孩們決定在積木堆上立一個告示，並在「每日新聞」時間告訴其他小朋友他們當時做的是什麼東西。肯尼跑去

寫作中心，拿回寫字夾板、紙、彩色筆和膠帶。當福特老師等待的時候，路易和喬丹邊唸邊寫：

"SNAKMAZ.DNTREK"（Snake maze. Don't wreck. 蛇迷宮。請勿毀損。）

肯尼在旁邊看他們寫，之後他驕傲地把這個告示貼在積木上。

後來，在「每日新聞」時間，這三個小男孩站在全班面前解釋他們的蛇迷宮作品。肯尼手拿著迷宮書，翻到「動動腦迷宮」的那一頁，並用手指描它的路線，向全班展示並解說這座迷宮的形狀是如何讓他聯想起他的塑膠蛇。他還說，他們用積木來堆迷宮，這樣他們就可以把蛇放進去，看看牠能不能找到出口。路易和喬丹舉起告示唸給大家聽，然後再把告示放回去。

這段插曲呈現出一個典型幼稚園課室裡會發生的讀寫萌發情景。在這群小男孩彼此玩耍、與教師互動的同時，他們也參與了廣泛的行為，而其中有許多行為反映出他們已漸漸了解讀寫的功能和本質。他們了解告示可以傳遞重要的訊息，口語可以寫成文字並讀出來，此外，字是由聲音所組成，且字與音彼此間有對應關係。當幼兒開始了解口語和書寫語的許多特徵，他們的讀寫發展便正處於萌發階段。在這個時期，他們不是以正規的拼寫方式來讀寫，但是，透過他們的讀寫嘗試和他們的語言，我們可以得知孩子們正逐漸了解讀寫是怎麼回事。

幼兒讀寫經驗的重要性

關於孩童讀寫萌發階段的研究，指出了幾個幼兒讀寫學習的基本特徵：

- 孩童很早就開始讀寫，通常遠比正式讀寫教學發生的時間早得多。
- 讀寫學習發生在孩子遊戲時所使用的口語、閱讀和書寫，以及他們和家人、教師與同儕溝通的時候。
- 在讀寫萌發階段所發展出的態度和知識可幫助孩童從往後的讀寫教學中獲益，並支持他們長期的讀寫發展。

大部分的孩童入學前就擁有豐富的讀寫萌發經驗。入學前就常接觸文字、讀很多故事書且口語能力較成熟的孩童，和類似經驗不多的孩童相比，他們在讀寫學習上比較佔優勢。許多研究結果顯示，根據孩童的文字、口語經驗的數量和品質，可以預測孩童入學後的學習成果（Copeland & Edwards, 1990; Dickinson & Tabors, 2001; Gunn, Simmons, & Kameenui, 1995; Hart & Risley, 1995; Heath, 1983; Smith & Dickinson, 1994; Snow, Burns, & Griffin, 1998）。

每個孩子幼年時期所經歷的口語、閱讀和書寫經驗各不相同，這個事實反映了社會和文化上的重要差異（Delpit, 1995; Heath, 1983）。孩童早期讀寫經驗的質量差異，對孩童日後入學的讀寫學習有很大的影響（Teale & Sulzby, 1989）。事實上，儘管多年來進行了許多研究與輔導，非裔美籍男童仍是課業上最弱勢的族群。針對這個惡性循環，研究指出了兩個可能原因：

1. 在入學之初，孩童們在語言和讀寫能力上就有了明顯的差異。追本溯

源，這些差異是由社經地位、種族和性別所造成，而這些因素又可能互相交錯糾結（Hart & Risley, 1995; Morrison, 1997; Vernon-Feagans, 1996）。

2. 學校教育的結構和文化是建立於多數學生現有的知識與技能上，而非建立於少數學生的知識和技能上（Delpit, 1995）。

根據 Delpit（1995）和其他學者的研究指出，教育工作者有責任在校內和校外採取行動，來扭轉這個惡性循環。

促進幼兒讀寫能力的方法

學前和低年級教師會遇到的挑戰是，他們得負責一群剛入學且讀寫能力和經驗各不相同的孩子。發現並幫助每個孩子學習讀寫萌發技巧，並確保所有的孩童的讀寫能力得以發展，是很大的挑戰。要面對這些挑戰，必須了解幼兒的發展進程，適當地安排課室環境以支持、促進讀寫能力，同時要採取正確的教學策略，以幫助日後讀寫相關技巧的發展。對於讀寫成就處於劣勢的孩童，有某種語言障礙或學習障礙的孩童，或是正在學習英語這個新語言的孩童，要做到這些事情就更難了。然而，這些因素對幼兒的讀寫學習都有很大的影響。

緊接著肯尼在幼稚園裡的學習經驗之後，故事提到了一些教師會面臨的挑戰，那就是教師得協助有閱讀障礙的孩子，同時也提到了一些可用來激發孩子讀寫興趣的策略。

肯尼的「起步計畫」轉型報告指出，肯尼是個主動且觀察力敏銳的學習者，他喜歡自己動手做以及戲劇扮演活動，也喜歡和其他人分享自

己的生活。報告也指出他對於深入一點的幼兒讀寫活動缺乏興趣，像是獨自閱讀、塗鴉、寫名字等活動。剛入學時，肯尼在幼稚園教室裡的行為讓福特老師困惑又頭大。轉型報告用了「主動」這個詞來描述肯尼，似乎是寫得太含蓄了些，因為事實上肯尼往往從一個活動區晃到另一個活動區，卻從不曾真正參與其中，也不曾與教師及其他小朋友互動。唯一能夠引起他的興趣的活動區是積木區，他在那裡可以堆大塊的積木，指揮其他小朋友幫他的忙。寫日誌和團體討論的活動對肯尼而言非常困難。福特老師的軼事紀錄反映出她對肯尼的行為有愈來愈深的挫折感：

> 9 月 26 日——肯尼、喬丹和路易一起堆大塊的積木。我介入他們的活動兩次，免得孩子被掉落的積木打到。
> 9 月 30 日——肯尼不願加入「每日新聞」團體活動。讓他坐在我的腿上，多少有點幫助。
> 10 月 4 日——肯尼不肯試著寫日誌。他似乎對畫圖感到厭煩，而且總是晃來晃去，看其他小朋友在做些什麼。
> 10 月 8 日——整個星期肯尼都在寫日誌時間故意大聲唱歌。大家都被他干擾了。

後來，在十月初，事情有了改變。有天早晨上學途中，五歲的肯尼發現了一條小蛇，就把牠放進書包帶到學校。肯尼覺得爸媽不會讓他在家裡養蛇，所以福特老師就讓他把蛇養在學校裡。雖然大家討論之後認為班上沒人了解蛇的習性，但因為爬蟲類是幼稚園課程的主題之一，所以福特老師還是決定進一步深究這個讓肯尼感興趣的題目。下次開會的時候，福特老師請閱讀顧問幫她找一些與蛇有關的讀寫教學

資源。到了下一個星期，課室助理就領著肯尼和其他幾個孩子到圖書館借書。他們把書帶回教室，把它們加入教室的圖書區裡。肯尼和其他的同學運用書本裡的插圖來辨認這條小蛇的品種，確認牠的棲地特徵，並查出牠的食性和食量。福特老師在小組閱讀時間朗讀了其中幾本書，而且肯尼也把書借回家和爸媽一起閱讀。

福特老師注意到，自從養了蛇之後，肯尼對讀寫活動的興趣大大地提高了。除了活動時仍會在教室裡晃來晃去之外，現在肯尼會在教室裡的圖書區待上一會兒，主動拿書作為玩積木、沙子、黏土時的參考，並經常查閱書裡有關蛇棲地的圖片以及蛇的食性。寫日誌的時候，肯尼現在會畫他的小蛇，並想要在圖畫旁邊寫「我的小蛇」這幾個字。在進行寫作成果分享的時候（寫作成果分享是一種注重過程的讀寫教學方法，在這個活動中，小朋友唸自己的文章給大家聽，並依照聽眾的意見來修改作品），肯尼和大家分享自己所畫的圖，並跟大家說了幾個自己編的有趣故事。

依照閱讀顧問的建議，福特老師指派肯尼為駐校「蛇類專家」，其他小朋友都來向他詢問關於蛇類的問題和意見。蛇類專家這個任務促進了肯尼的字彙發展，他很快就會用一些像是「爬蟲類」、「棲地」、「冬眠」和「脊椎動物」之類的字彙。肯尼和班上其他的小朋友發起了一個「單字盒」的活動，在盒裡裝一些和蛇有關的字彙。在肯尼與閱讀顧問單獨面談時，他用電腦來收集蛇的資料，並寫一些關於蛇的故事；他寫的故事都很簡單，可以自己朗讀。肯尼也幫忙做「蛇迷宮遊戲」，當他參與這個遊戲的時候，可以同時練習音素切割（phonemic segmentation）的技巧。

　　這一段故事告訴我們如何讓孩子的興趣成爲讀寫活動的基礎，即便這個孩子原本對讀寫一點興趣也沒有。對教師而言，若要把讀寫教學活動建立在班上每個孩子的個別興趣之上，並非完全不可能，但會是件很困難的事情；但是，如果把活動建立在一小群孩子的共同興趣之上，或自然而然地將它與課程裡的某部分產生關連，則不失爲一個有效的方法。

　　在這段故事中，肯尼對讀寫活動的參與變多的關鍵是他本身對蛇的興趣，而他的興趣背後有著課室結構和教學策略的刻意支持，以增加他對讀寫活動的參與。課室結構幫助肯尼有目的地使用讀寫材料，包括開放式的讀寫用品，像積木、沙子、黏土、教室裡可供孩子借閱的圖書區、隨手可得的書寫用具和一台電腦。與閱讀顧問密切合作的福特老師使用了幾種教學策略來支持肯尼的讀寫萌發技巧，包括讓他對一小群孩子朗讀、學習專門而且相關的字彙、寫／畫日誌、聽寫活動、用電腦寫故事、小作家成果分享與回饋活動等。

幼兒讀寫學習的重要特徵

　　許多讀寫萌發研究，尤其是幼教領域的讀寫研究，都顯示有效的幼兒讀寫課程應將語言和讀寫教材，以及策略與高水準的幼教教學實務相融合（International Reading Association [IRA] & National Association for the Education of Young Children [NAEYC], 1998; Madison & Speaker, 1994; Mason & Allen, 1986; Robinson, 1990; Snow et al., 1998）。若學習環境可以提供適齡且符合個別需要的教學實務，以滿足孩童之間文化、種族和性別差異，學前和低年級的孩

童在這樣的環境中可獲得最佳的學習成效（NAEYC, 1996; National Board for Professional Teaching Standards, 1995）。這些環境給孩童多樣性的選擇，讓他們可以獨自一人或以小組的方式進行思考與活動。將課室環境分成數個學習區，是達成這個目標的有效方法，因為教師會鼓勵孩子參加學習區裡的活動，好讓他們練習並發展各個發展領域的技能。主題式的課程也可以幫助孩童的學習和讀寫發展，因為孩子會以好幾個禮拜或更久的時間學習相同的主題，而在這個主題之下同時整合了多個學科領域和技能。如同之前的故事所述，肯尼對蛇類的興趣讓他接觸了幾個學科（如語文科、自然科），而這些學科包含了一些技能，像是閱讀資料、記錄事實、撰寫故事、製作蛇類棲地探索活動、學習蛇類相關字彙等。

　　學前和低年級的課程與教學可為孩童日後的學習態度和讀寫技巧學習打下良好的基礎。將符合幼兒發展階段的課程與幼兒讀寫教學加以整合，可以發揮兩種重要功能：第一，它可幫助孩子明瞭學校教育對他們的期望並適應學校的課程結構；第二，它可將孩子學習的重心放在早期的閱讀和寫作上。許多教師都深知良好的組織結構可支持孩童的整體發展和學習。但是較少教師了解到，某些讀寫萌發技巧是日後良好讀寫能力的必要條件。讀寫萌發的相關研究指出，影響日後讀寫能力的因素有六種，而且彼此相關（Gunn et al., 1995）。這些因素包括：文字覺識、文字與口語的關係、對文本結構的了解、字母知識、使用去脈絡口語的能力，以及音韻覺識。

文字覺識

　　文字覺識是邁向日後良好讀寫能力的關鍵之一。文字覺識包括了解文字的規則（例如文字的外形、文字在書頁裡的排列、將字串切割成單字），以及了解文字的目的和功能（例如單字可傳達訊息和意義）。在識字的最初期，孩童之所

以能夠了解文字的規則，是因為我們週遭的環境充滿了符號、告示、標籤、字條、名單、雜誌和書本，而且這些物品傳達了重要的訊息（Neuman & Roskos, 1993）。其實，孩童很早就能看懂符號，大概沒幾個孩子不認識麥當勞（McDonald's）的 M 吧！此外，若孩童每天與使用文字、指出文字的成人互動，可幫助孩童對文字功能的了解（Delpit, 1995; IRA & NAEYC, 1998; Morrow, 1990; Morrow, Strickland, & Woo, 1998; Neuman & Roskos, 1997）。

文字與口語的關係

　　了解文字與口語的關係是影響日後讀寫能力的第二個關鍵。幼兒了解到口語和文字有其相似性，且彼此之間大致可互相對應。這件事可由孩子假裝寫字的時候得到證明，因為每當他們口裡說出一個字，就會用一個記號來代表（Adams, 1990）。此外，孩童也了解到口語和書寫字的差異，也就是說，文字是用看的，口語是用聽的；口語主要是用來面對面溝通，然而，當說話和寫字的人都不在現場的話，就得用寫字的方式傳遞訊息。我們可以透過彼此交談、讀故事以及有意義的書寫活動，來幫助孩子更了解二者之間的差異。

對文本結構的了解

　　了解文本的結構或特徵是影響日後讀寫能力的第三個關鍵（Gunn et al., 1995; Mason & Allen, 1986）。怎樣的故事稱得上是一則「好故事」，每個文化對此有不同的定義，但故事裡某些結構特性則為不同文化所共有，例如時間順序標記（Michaels, 1981; Peterson & McCabe, 1983）。透過在家庭和教室裡重複聽故事、讀故事，孩童便可了解文本的特徵，像是場景、情節、結構和角色等。

字母知識

　　了解字母名稱並學習字音是日後擁有良好閱讀能力的重要指標（Ehri & Sweet, 1991）。透過與文字互動，孩童了解到文字是由字母所組成的。除了可以透過環境來學習文字，許多孩童也在偶然或刻意安排的情況下，像是在唱字母歌、玩積木、讀故事書或是看芝麻街之類的電視節目的時候，學會了字母名稱和符號。

使用去脈絡口語的能力

　　能為特定目的使用口語，是日後擁有良好讀寫能力的另一個關鍵。通常學校裡的口語活動，例如講自己的故事、提供解釋、分析文章、定義單字、猜想預測等，說話者都必須使用去脈絡的口語能力。在這種說話型態之下，說者和聽者所共有的背景知識有限，所以說者必須使用更具體的指稱語和句法結構來傳達意義（Snow & Dickinson, 1991）。研究指出，若孩童能使用去脈絡的語言，他們在文字能力、字彙和早期閱讀能力等測驗上，會有較好的成績（Beals, 1993; Dickinson & Tabors, 2001; Smith, 1996; Smith & Dickinson, 1994）。

音韻覺識

　　最後，孩童能夠有意識地思考語音、操弄語音，並能夠區分說出來的字音和寫出來的字音，我們稱這種能力為音韻覺識（Smith, Simmons, & Kameenui, 1995）。和其他讀寫結構不同的是，音韻覺識無法經由偶然接觸而發展（Sulzby & Teale, 1991）。然而，音韻覺識的技巧卻是幼兒讀寫的要素，像是字母與字音之間的關連、押韻以及音素切割等能力。

從讀寫萌發到正規讀寫

　　讀寫萌發是由孩童主動建構文字概念而來，也就是了解文字的功能，以及該如何使用它。不必直接的教導，讀寫萌發能力就得以發展。當孩童開始學習正規讀寫，他們在讀寫萌發階段所使用的遊戲式、自發式的教學方法仍會持續，但也同時會刻意將學習重點放在文字和語言的形式上。若不經仔細、直接的教導，或不給孩童機會閱讀適合的讀物以培養初期的解碼能力的話，大部分的孩童無法自然而然地從讀寫萌發階段晉升到正規讀寫階段（Ehri & Sweet, 1991）。為了讓孩童的正規讀寫能力或解碼能力能達到精熟，他們必須刻意以分析的方式來學習文字和語言（Adams, 1990; Delpit, 1995）。

　　所以，學前和低年級教師必須在兩方面力求平衡：一方面他們要建立能夠幫助孩童發展並可培養興趣的讀寫萌發階段課程，另一方面他們得讓孩童學習必要的讀寫技能。如同前述的研究所言，幼兒讀寫教學最重要的成果就是培養出肯讀、肯寫的孩子。這個動機來自於孩童讀寫能力的內化，以及他們本身對於擁有良好讀寫能力的渴望。若課室環境、教材和人際互動能幫助孩童從事有意義的讀寫活動，孩子們日後便會有意願學習複雜困難的正規讀寫。

　　正規讀寫直接建立在讀寫萌發的技巧和洞察之上，但它也具備其獨有的特性。例如，閱讀包括一些附加的技能，如快速解碼技巧和持續性的理解（Adams, 1990）。書寫則包括書寫規則和拼字，並了解應如何寫出語意連貫的文字，以符合不同的寫作目的和不同讀者的需求。孩童在校學了哪些讀寫萌發的技巧，以及這些讀寫教學本身的性質，左右了孩童上述的能力。

　　當我們思考教學在幫助孩童進入正規讀寫階段，究竟扮演了怎樣的角色

時，就會讓我們想到一個長久以來被熱烈討論的幼兒讀寫教學課題：若我們訓練孩童學習某些特定的讀寫技巧，這種教學在幼兒讀寫課程中應如何定位？Marilyn J. Adams 在她所寫的 *Beginning to Read: Thinking and Learning About Print*（1990）一書中提出了兩個有力的觀點：（1）讀寫萌發階段的經驗（如之前所述）是孩童理解讀寫功能並加以運用的必要前導，且這些經驗形成了一個有意義的基礎，讓教師得以將教學建立在這基礎上，（2）教導音韻覺識、認字、拼字等技巧是很有必要的，而教導這些技巧的目標就是讓所有孩童都能流暢地書寫文字。

關於教導特定讀寫技巧的論戰仍持續著，這不是因為人們認為無此需要，而是因為教學方法本身種類繁多，且課室教學的需求不一而足。Adams（1990）和其他學者認為，採取綜合性的整合式教學法是最有效的幼兒閱讀教學。「全語文」教學法是整合式教學法的一環，它主張透過環境來讓孩子了解文字的功能和目的，並給孩子許多口語表達機會，同時也讓孩子獨立閱讀或和別人共同閱讀各類文章，並進行過程寫作或主題式寫作練習。這個方法應和較「傳統」的方法相結合，例如教導某些特定技巧，並閱讀各種類型的文章，而且其中部分文章的用字是經過篩選的。若只教導技巧、練習技巧，但讀寫活動本身卻缺乏目的，且對孩子沒有意義的話，這樣的教學成效是無法得到研究結果的保證與肯定的。

這些觀點的重要性已受到兒童讀寫發展專業機構的重視。例如，IRA 和 NAEYC（1998）在他們的共同立場聲明中指出：「讀寫的學習是個複雜、多面向的過程，需要廣泛多樣的教學方法。」研究閱讀的學者和教師也一致認為，在成功的幼兒讀寫教學當中，以意義為基礎的教學與技巧導向的教學，二者間有著互相依存、密不可分的關係。

因材施教的幼兒讀寫學習經驗

　　教學的要件之一，就是不但要符合團體中各式各樣的學習需要，同時也要提供符合個別需求的教導。當教師在教導可能有讀寫學習困難的孩童，以及有學習障礙或英語非母語的孩童，要他們在以意義為基礎的教學和技巧導向的教學之間取得平衡，是件特別不容易的事情。

　　Adams（1990）和其他學者（例如 Snow et al., 1998）認為，對於可能會有讀寫困難的孩童而言，技巧導向教學特別重要。有些技巧是幼兒讀寫課程的重點，例如辨認字母和韻腳，以及了解字與音之間的關連性。至於其他技巧，例如注意閱讀規則、發展理解策略以及增加口語字彙等，在幼兒讀寫教學中則較為少見。人們之所以會爭論究竟該實施技巧導向教學還是應讓孩童廣泛地閱讀，部分原因是因為研究結果顯示，若班上讀寫困難學生比例較高，那麼花在閱讀活動的時間就會較少，這樣便有可能在不知不覺中造成讀寫學習成就長期低落的情形（Allington, 1991; Delpit, 1995）。Juel、Griffith 和 Gough（1986）曾針對學前和低年級學童的讀寫技巧學習進行長期追蹤研究。研究結果顯示，閱讀簡化過字彙的文章，對孩童的閱讀發展有重大影響。技巧導向教學和意義導向教學之間的爭論，亦與這研究結果有關係。

　　許多學校的孩童接受了政府補助的個別化服務，例如他們參與了 Title I 計畫或接受了語言治療師的協助（譯註：Title I 計畫是改革美國學校法 Improving America's Schools Act 中最大的一個補助計畫，目標是幫助低社經地位的學童達到高學業標準）；這些計畫和專家們使用了各式技巧和方法來達成他們的目標。多位學者曾經針對有特別學習需求或學業成就低落孩童進行研究，其結果

顯示，當教學具一致性與協調性時，孩童便更有可能學會讓課業成績變好的技巧（Bashir, 1989; Letsky, 1994; Rammler, 1993; Wallach & Miller, 1988）。

　　由專家或教師所進行的技巧導向教學，應與具持續性並符合發展階段的課程相配合，且課程必須以孩童的興趣為基礎（Letsky, 1994）。以肯尼的案例來說，個別化的教學是透過肯尼的老師和學校的閱讀顧問共同合作完成的。他們所設計的活動是以肯尼對蛇類的興趣為基礎，以提升他的研究技巧、音素覺識和閱讀能力。有效的個人化幼兒閱讀教學有兩個要素：一為評量，二為持續的溝通。

幼兒讀寫評量

　　要進行個別化教學，教師必須知道每個孩子具備了多少讀寫知識。每天與孩童互動，可幫助教師判斷孩子的文字覺識、文章理解和字母知識。過去的在校記錄是個有參考價值的資料來源，它提供的資訊包括孩童本身、孩童的家庭、上學態度和課業表現。非正式的評量方法，像是軼事記錄、與孩子對話的逐字稿、對圖畫和書寫的評論以及檢核表等，都可用來作為初步判斷孩童的整體讀寫知識和某些讀寫萌發技巧的重要資料。我們也可以經常用這些方法來評量個別孩童的進步情形。有些正式評量適合對孩童施測，像是《畢保德圖畫詞彙測驗第三版》（*Peabody Picture Vocabulary Test ─ Third Edition*, Dunn & Dunn, 1997）、《文字觀念測驗》（*Concepts About Print tests*, Clay, 1985, 2000）以及用來測量讀寫能力的《WRAT 成就測驗修訂版》（*Wide Range Achievement Test ─ Revised*, Jastak & Wilkinson, 1984）。當教師或專家使用這些正式評量時，就可以定期以標準化的方法得知孩童在字彙及讀寫上的進展。

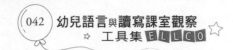

持續的溝通

若要進行個別化教學，尤其是教導讀寫困難的孩童，教師、孩子、孩子的家長和協助孩子的專家之間要多多溝通。當老師、專家、行政人員和家長一起合作，彼此溝通教學的目標和方法時，受益的是孩子。研究結果顯示，當教學具備一致性和協調性，對孩童的讀寫成就影響很大（Bashir, 1989; Wallach & Miller, 1988）。在肯尼的故事裡，教師和閱讀顧問一起合作，他們設計並實施了許多有效且多樣化的策略，來加強肯尼萌發的讀寫技巧。

 教室外的幼兒讀寫

如同前述，溝通和協調的重要性已延伸到課室與學校之外。幾乎所有與幼兒讀寫有關的研究都指出，家庭和文化是幼兒讀寫學習的重要因素。學校的孩童所接觸的文字類型各異，所擁有的文字經驗也不同。不同的文化和家庭對不同形式的讀寫也有不同的看法——有些文化重視口語傳統，會讓孩童接觸複雜的故事形式和不同種類的故事功能（例如教條式的寓言、童話和口述歷史），有的文化重視複雜且富藝術性的文字書寫系統（例如日文和阿拉伯文），還有些文化重視讀寫的「傳統性」用途（例如床邊故事和購物清單）。我們必須多多了解這間教室的成員對讀寫有哪些不同看法並居間溝通協調，這對孩子接受學校的讀寫教導是很重要的（McCabe, 1996; McCabe & Bliss, 出版中）。

在肯尼帶蛇回學校的那天，福特老師試圖打電話告訴肯尼的父母這件事。福特老師打了幾通電話都找不到人，於是她決定寄通知到家裡，

但他們還是沒有回應。福特老師希望利用肯尼的蛇作為親師連繫的起點，並藉這個機會關心肯尼的讀寫活動。肯尼的「起步計畫」轉型報告指出，他的父母不太關心這個計畫，而且很難連絡得上他們，跟他們約時間進行家庭訪問。雖然一開始不太順利，福特老師還是想要和肯尼的父母共同合作，來改善肯尼的讀寫學習。

肯尼的父母沒參加親師會，讓福特老師感到失望。但是，有天早晨，肯尼的父親送孩子到學校，於是福特老師就把握機會和他談談。肯尼的父親表示自己和肯尼的母親都身兼數職，沒有時間陪肯尼，只有星期日全家才一起去教會做禮拜。此外，他們家全靠大眾交通工具通勤，所以從家裡到學校交通不便且費時。在談話中，肯尼的父親很自然地談到肯尼對蛇類和爬蟲類的興趣，並說他們錄了幾個相關的電視節目。

有了肯尼父親的支持，福特老師用了幾種方法進行親師溝通。她寄了幾本蛇類的書到肯尼家，好讓肯尼和家人一起閱讀，同時她也鼓勵肯尼把他和閱讀顧問一起做的小書帶回家給父母看。當老師問肯尼有沒有讀那些書，肯尼就說他和父母與祖母已經一起讀過「很多遍了」。肯尼也把其中一捲錄影帶帶到學校和大家分享。

這段故事告訴我們，促進學校和家庭之間的連繫需要持續且多樣化的策略，例如不斷打電話聯絡，寄東西到學生家，或是問孩子在家、在校發生了什麼事。同時，故事也告訴我們，即使家長很忙，有其不便和限制，這並不代表他們沒有察覺或不關心孩子的興趣和在校學習狀況。例如，肯尼的父親知道肯尼對蛇類的興趣，便錄下相關的電視節目，並和肯尼一起閱讀蛇類的書和故

事。此外，這段故事指出了一個重點，那就是家庭與學校之間的關係具有互惠的本質。一開始肯尼把蛇帶到學校，後來他拿了一捲錄影帶到學校和同學分享。讓家庭與學校之間的讀寫活動能彼此配合不是件容易的事，但是這對孩童的讀寫學習助益很大（Dodd, 1996; MacFarlane, 1996; Morrow, Neuman, Paratore, & Harrison, 1995）。

這段故事也告訴我們，孩童的早期讀寫經驗不但在教室裡發生，也在教室外發生，同時它也會受到社會、文化和科技因素的影響。學校和教師所提供的課程愈來愈有可能超越傳統藩籬，而且這些課程也會涵括家庭的支持、推廣教育、身體保健和社區服務等。雖然這些新的責任充滿挑戰，但是這也代表了一種有成功潛力的伙伴關係，以幫助所有孩童能長期在學業和讀寫學習上有所成就。

對教師、行政人員和政策制定者的啓示

> 啟示　學前和低年級教師必須將他們對孩童發展的了解，與適當的組織和教學方法以及讀寫發展的知識加以結合，以幫助孩童習得讀寫技巧。

肯尼的故事描述了許多可以幫助並促進教室裡幼兒讀寫的方法，這些方法包括將教室劃分成數塊學習區，鼓勵以孩童的興趣作爲規劃課程的基礎，並採用某些教學技巧，像是小組閱讀、聽寫及寫作成果分享活動。這個故事也指出了部分讀寫技巧的重要性，而讀寫萌發階段相關研究結果顯示，這些讀寫技巧

是日後讀寫學習成功的基礎，它們包括：文字覺識、了解文字與口語的關係、了解不同文本結構、辨認字母、使用去脈絡口語的能力以及音韻覺識的獲得。在偶然或刻意安排的情況下，孩童在每天日常生活中接觸、體驗文字，於是同時發展出來這些讀寫技巧，且技巧之間彼此相關（Heath, 1983; Mason & Au, 1990; Strickland & Morrow, 1989; Sulzby & Teale, 1991）。這些技巧也代表著某一些口語、閱讀和寫作經驗的整合（Dickinson & Tabors, 2001; Hannon, 1995; Snow et al., 1998）。

　　雖然許多教師採用了很多有效的組織和教學方法，但是，只有在教師了解為何要鼓勵孩童的整體發展和讀寫技巧，並且知道該如何去做的時候，這些組織和教學方法才會成功。教師必須了解口語、閱讀和書寫經驗對讀寫萌發階段技巧有何幫助，而這些技巧對孩童日後的讀寫發展有所影響。確定所有教師都具備幼兒讀寫課程所需的基本知能，是教師和學校行政人員共同的責任。讓教育工作者的專業能力能夠持續而實在地發展，是達成這份責任的重要關鍵。

　　針對教師專業成長所進行的研究指出，有三個因素會影響專業發展活動：（1）活動必須與教師的日常生活經驗有關，（2）必須尊重並仰賴資深教師的專業知識，（3）必須在時間及金錢上得到組織的奧援（Beattie, 1995; Hargreaves & Fullan, 1992）。若要幫助教師更加了解有效的幼兒讀寫教學實務，必須從他們既有的知識、教學實務、心中的疑問和他們所關心的事物著手。每個社區一定有很多優秀的幼教老師，可以利用他們的專業知識造福其他人。幼兒讀寫專業發展的規劃、安排以及參與，必須由教師、專家和行政人員一同努力。

啟示
具一致性和協調性的幼兒讀寫教學對所有學習者都是很重要的。對於被認為有讀寫學習困難的學習者，以及有特殊學習需要或英語非母語的孩子而言，這種教學特別重要。

　　肯尼的故事告訴我們，當專業人士共同為一個目標而努力時，可以產生很大的成效。學校老師和閱讀顧問以他們對肯尼的了解，加上自己的專業知識，為肯尼創造了一個有意義的學習環境。

　　教師必須知道有哪些適合的評量策略，並使用這些方法來決定學生的個別需求，了解他們的進步情形。建立一個基線以決定日後要採用哪些教學策略與評量方法，對一個剛入學的孩童而言是件特別重要的事情。評量孩童早期讀寫能力的方法有很多種，包括非正式評量（如錄音和軼事記錄）、以教室為基礎的評量（如檢核表和單字盒）以及較正式的評量（標準化測驗是其中的一種）。當教師了解孩童的早期讀寫發展，並明白有很多工具可用來評量幼兒讀寫，孩童便可從中獲益（Genishi & Dyson, 1984; Mason & Allen, 1986; Shearer & Homan, 1994）。如前所述，專業發展活動可幫助教師更加了解適合幼兒的讀寫評量方法。

　　肯尼的故事指出的另一個重點是，若要協調個別孩童的教學，教師必須具備與該課程和教學服務相關的知識。要達到這個目標，專家（例如閱讀顧問、語言治療師、幼教專家）和課程行政人員（例如 Title I 計畫及特殊教學需求）之間必須開放且持續地溝通。當教師、專家和行政人員能互助合作、互通訊息時，孩童就能接受明確且一致的教學，有效地幫助孩童的發展（Bashir, 1989; Wallach & Miller, 1988）。

　　若要使專業發展活動具備協調性和一致性，就必須重新調整時間和金錢的

分配。雖然這在短期之內有困難，但是有關學校改革的研究指出，從長期的角度來看，這樣做對教師和學生是有益的（Allington & Walmsley, 1995; Foertsch, 1992; Fraatz, 1987）。

 啟示 學校和家庭之間的溝通和協調，以及它們與社區活動的配合，對孩童的長期學業和讀寫學習是很重要的。

肯尼的故事也談到了當教師與學生家長彼此溝通協調讀寫活動時，可能會有的優點以及會產生的困難。若要與學生家長一起有效地幫助孩童的讀寫，教師、專家和行政人員必須得到各方面的資訊，包括他們所在社區的情形，學生家庭的狀況，以及社區和家庭所重視的讀寫實務的種類。

學校與家庭間的連繫有兩種。教師可定期與家長見面，並以電話、刊物、便傒聯絡。有些教師會邀請家長直接參與教室活動。如同肯尼的故事所述，家庭也可幫助孩童的發展，雖然孩子的家人也許不會直接告訴教師，他們做了哪些活動或使用了什麼方法。就如同教師、專家和行政人員彼此溝通協調一般，親師之間也是一樣的。家長應定期與學校和教室內的讀寫課程保持穩定的連繫。

肯尼上了幼稚園之後，「起步計畫」提出了一份肯尼的轉型報告。這份報告可作為幫助孩童在校發展的資料來源之一。社區課程或設施（像托兒所課程、成人讀寫課程與公共圖書館）可以提供豐富的資訊，來彌補學校教學和教師的不足。決定要提供哪些社區課程和服務，並決定是否有彼此協調的意願或可能性，而且在作了決定之後發展出一套固定的模式，讓資訊能由教師和專家

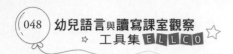

共享，是學校和地方教育行政人員的責任。

 **結論**

　　「肯尼的故事」及本章所綜述的研究、教學實務和政策考量，指出了可幫助幼兒讀寫技巧習得的重要因素。有效的教學必須由眾人群策群力才能達成。雖然教師可以提供最直接的幼兒讀寫經驗和教學，但他們不能也不該在沒有學理的支持下進行。教師必須具備基本的知能，以提供孩童符合發展階段的整合式幼兒讀寫教學。教師和專家可以使用多種組織和教學技巧，來符合所有孩童的需要。但最重要的是，教師必須超越本身教室的界限，尊重其他教育從業人員的專業知識，與專家協調溝通，讓家庭參與學校的教學，並與社區課程相連結。唯有在行政和學校組織的幫助之下，增進教師的知識、技能並擴大服務範圍，教師才能夠達成這些理想。

▫ ▫ 參考文獻 ▫ ▫

Adams, M.J. (1990). *Beginning to read: Thinking and learning about print*. Cambridge, MA: The MIT Press.

Allington, R. (1991). How policy and regulation influence instruction for at-risk learners: Why poor readers rarely comprehend well. In L. Idol & B.F. Jones (Eds.), *Educational values and cognitive instruction: Implications for reform*. (pp. 273–296). Mahwah, NJ: Lawrence Erlbaum Associates.

Allington, R., & Walmsley, S. (Eds.). (1995). *No quick fix: Rethinking literacy programs in America's elementary schools*. New York: Teachers College Press.

Bashir, A. (1989, August). Language intervention and the curriculum. *Seminars in Speech and Language, 10*(3), 181–191.

Beals, D. (1993). Explanations in low-income families' mealtime conversations. *Applied Psycholinguistics, 14*(4), 489–513.

Beattie, M. (1995). *Constructing professional knowledge in teaching: A narrative of change and development*. New York: Teachers College Press.

Clay, M.M. (1985). *Concepts About Print: Sand and Stones*. Westport, CT: Heinemann.

Clay, M.M. (2000). *Concepts About Print: Follow Me, Moon, and No Shoes*. Westport, CT: Heinemann.

Copeland, K., & Edwards, P. (1990). Towards understanding the roles parents play in supporting young children's development in writing. *Early Child Development and Care, 56,* 11–17.

Delpit, L. (1995). *Other people's children: Cultural conflict in the classroom*. New York: The New Press.

Dickinson, D.K., & Tabors, P.O. (Eds.). (2001). *Beginning literacy with language: Young children learning at home and school*. Baltimore: Paul H. Brookes Publishing Co.

Dodd, A. (1996, April). Involving parents, avoiding gridlock. *Educational Leadership*, 24–26.

Dunn, L.M., & Dunn, L.M. (1997). *Peabody Picture Vocabulary Test–Third Edition*. Circle Pines, MN: American Guidance Service.

Ehri, L., & Sweet, J. (1991). Fingerpoint-reading of memorized text: What enables beginners to process the print? *Reading Research Quarterly, 26*(4), 442–462.

Foertsch, M. (1992). *Reading in and out of school: Factors influencing the literacy achievement of American students in Grades 4, 8, and 12, in 1988 and 1990*. Washington, DC: Educational Testing Service, Office of Educational Research and Improvement.

Fraatz, J. (1987). *The politics of reading: Power, opportunity, and prospects for change in America's public schools*. New York: Teachers College Press.

Genishi, C., & Dyson, A. (1984). *Language assessment in the early years*. Stamford, CT: Ablex Publishing Corp.

Gunn, B., Simmons, D., & Kameenui, E. (1995). *Emergent literacy: Synthesis of the research* (Tech. Rep. No. 19) [On-line]. Available: http://idea.uoregon.edu/~ncite/documents/techrep/tech19.html

Hannon, P. (1995). *Literacy, home and school: Research and practice in teaching liter-*

acy with parents. London: The Falmer Press.

Hargreaves, A., & Fullan, M. (Eds.). (1992). *Understanding teacher development.* New York: Teachers College Press.

Hart, B., & Risley, T. (1995). *Meaningful differences in the everyday experience of young American children.* Baltimore: Paul H. Brookes Publishing Co.

Heath, S.B. (1983). *Ways with words: Language, life, and work in communities and classrooms.* New York: Cambridge University Press.

International Reading Association (IRA) & National Association for the Education of Young Children (NAEYC). (1998, July). Learning to read and write: Developmentally appropriate practices for young children. *Young Children, 53*(4), 30–46.

Jastak, S., & Wilkinson, G.S. (1984). *Wide Range Achievement Test–Revised.* Wilmington, DE: Jastak Associates.

Juel, C., Griffith, P.L., & Gough, P.B. (1986). Acquisition of literacy: A longitudinal study of children in first and second grade. *Journal of Education Psychology, 78*(4), 243–255.

Letsky, S. (1994). *Components of a collaborative program.* Unpublished resource for classroom teachers.

MacFarlane, E. (1996, March). Reaching reluctant parents. *The Education Digest,* 9–12.

Madison, S., & Speaker, R. (1994, April). *The construction of literacy environments in early childhood classrooms: A spectrum of approaches.* Paper presented at the annual meetings of the American Educational Research Association, New Orleans. (ERIC Document Reproduction Service No. ED 376 970)

Mason, J., & Allen, J. (1986). A review of emergent literacy with implications for research and practice in reading. *Review of Research in Education, 13,* 3–47.

Mason, J., & Au, K. (1990). *Reading instruction for today* (2nd ed.). New York: HarperCollins.

McCabe, A. (1996). *Chameleon readers: Teaching children to appreciate all kinds of good stories.* New York: McGraw-Hill.

McCabe, A., & Bliss, L. (in press). *Narrative assessment profile: A multicultural lifespan approach.* Boston: Allyn & Bacon.

Michaels, S. (1981). Sharing time: Children's narrative styles and differential access to literacy. *Language in Society, 10,* 423–442.

Morrison, F. (1997). Paper presented at the biennial meetings of the Society for Research in Child Development, Washington, DC.

Morrow, L. (1990). Preparing the classroom environment to promote literacy during play. *Early Childhood Research Quarterly, 5,* 537–554.

Morrow, L., Neuman, S., Paratore, J., & Harrison, C. (Eds.). (1995). *Parents and literacy.* Newark, DE: International Reading Association.

Morrow, L., Strickland, D., & Woo, D. (1998). *Literacy instruction in half- and whole-day kindergarten.* Newark, DE: International Reading Association.

National Association for the Education of Young Children (NAEYC). (1996). Responding to linguistic and cultural diversity: Recommendations for effective early childhood education. *Young Children, 51*(2), 4–12.

National Board for Professional Teaching Standards. (1995, September). *Early Childhood/Generalist standards for national board certification.* Ann Arbor, MI: Author.

Neuman, S., & Roskos, K. (1993). Access to print for children of poverty: Differential effects of adult mediation and literacy-enriched play settings on environmental and functional print tasks. *American Educational Research Journal, 30,* 95–122.

Neuman, S., & Roskos, K. (1997). Literacy knowledge in practice: Contexts of participation for young writers and readers. *Reading Research Quarterly, 32,* 10–32.

Peterson, C., & McCabe, A. (1983). *Developmental psycholinguistics: Three ways of looking at a child's narrative.* New York: Kluwer Academic/ Plenum Publishers.

Rammler, L. (1993). *Inclusive education.* Unpublished manuscript and resources for classroom teachers and specialists.

Robinson, S. (1990, April). *A survey of literacy programs among preschools.* Paper presented at the annual meetings of the American Educational Research Association, Boston. (ERIC Document Reproduction Service No. ED 317 293)

Shearer, A., & Homan, S. (1994). *Linking reading assessment to instruction: An application worktext for elementary classroom teachers.* New York: St. Martin's Press.

Smith, M. (1996). *Teacher–child interaction with early childhood classrooms: Theoretical and practical perspectives.* Unpublished doctoral dissertation, Clark University.

Smith, M., & Dickinson, D. (1994). Describing oral language opportunities and environments in Head Start and other preschool classrooms. *Early Childhood Research Quarterly, 9*(3/4), 345–366.

Smith, S.B., Simmons, D.C., & Kameenui, E.J. (1995). *Synthesis of research on phonological awareness: Principles and implications for reading acquisition* (Tech. Rep. No. 21) [On-line]. Available: http://idea.uoregon.edu/~ncite/documents/techrep/tech21.html

Snow, C.E., Burns, M.S., & Griffin, P. (1998). *Preventing reading difficulties in young children.* Washington, DC: National Academy Press.

Snow, C., & Dickinson, D. (1991). Skills that aren't basic in a new conception of literacy. In A. Purves & E. Jennings (Eds.), *Literate systems and individual lives: Perspectives on literacy and schooling.* Albany: SUNY Press.

Strickland, D.S., & Morrow, L.M. (Eds.). (1989). *Emerging literacy: Young children learn to read and write.* Newark, DE: International Reading Association.

Sulzby, E., & Teale, W. (1991). Emergent literacy. In R. Barr, M. Kamil, P. Mosenthal, & P. Pearson (Eds.), *Handbook of Reading Research, 2,* 727–757. New York: Longman.

Teale, W., & Sulzby, E. (1989). Emergent literacy: New perspectives. In D.S. Strickland & L.M. Morrow (Eds.), *Emerging literacy: Young children learn to read and write.* (pp. 1–15). Newark, DE: International Reading Association.

Vernon-Feagans, L. (1996). *Children's talk in communities and classrooms.* Cambridge, MA: Blackwell.

Wallach, G., & Miller, L. (1988). *Language intervention and academic success.* Boston: Little, Brown.

資源

 網站資源

American Library Association (ALA): Kids Connect @ the Library

http://www.ala.org/parentspage

ALA 提供家長輔導孩子學習的技巧,內容包括讓孩子接觸圖書館的方法,如何了解孩子所閱讀的書籍,以及如何保護孩子的上網安全。

America Reads: Resources & Research

http://www.ed.gov/inits/americareads/resources.html

「美國閱讀挑戰計畫」(the America Reads challenge)是由美國教育部所發起。這個網站提供了許多關於培養閱讀能力的資訊,且這些資訊都經過研究證實。網頁裡的網站連結包括書籍、閱讀活動、錄影帶及值得推薦的教學實務等。

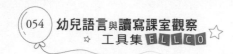

Center for the Improvement of Early Reading Achievement (CIERA)

http://www.ciera.org

CIERA 的網頁提供關於幼兒讀寫學習及有效的閱讀教學策略的資訊，且這些訊息均經過學術研究的證實。本網站提供了許多其他網站的連結。

The Children's Literature Web Guide

http://www.acs.ucalgary.ca/~dkbrown

本網站列出童書和青少年書籍的網頁資源，並有得獎好書與作者的連結。

The Early Literacy Advisor

http://www.mcrel.org/resources/literacy/ela

這個電腦化系統可協助教師評量並提升四至六歲孩童的初期讀寫發展。

Learning to Read

http://www.toread.com

本網站提供閱讀過程和教學技巧的基本資訊。

PBS Kids

http://pbskids.org

本網站提供許多由公共電視製作的讀寫相關節目資訊，包括「我們一家都是獅」（Between the Lions）、「大紅狗克立佛」（Clifford），以及「特寫鏡頭」（ZOOM）。

教學實務者資源

Adams, M.J., Foorman, B.R., Lundberg, I., & Beeler, T. (1998). *Phonemic awareness in young children: A classroom curriculum.* Baltimore: Paul H. Brookes Publishing Co.

本書的內容取材自一項學術研究計畫裡的活動。這個研究本身很具創新性，主要是探究遊戲導向的教學方法對增進孩童早期讀寫發展的影響。本書描述了多種適用於托兒所和幼稚園孩童的活動。

Bear, D.R., Invernizzi, M., Templeton, S., & Johnston, F. (2000). *Words their way: Word study for phonics, vocabulary, and spelling instruction* (2nd ed.). Upper Saddle River, NJ: Merrill.

本課程提供教師幫助孩童語言發展的相關資訊。

Blachman, B.A., Ball, E.W., Black, R., & Tangel, D.M. (2000). *Road to the code: A phonological awareness program for young children.* Baltimore: Paul H. Brookes Publishing Co.

本書提及的語音覺識活動均經研究實證，且提出了許多可用於幼兒教學的意見。

Dickinson, D.K., & Digisi, L. (1998). The many rewards of a literacy-rich classroom. *Educational Leadership, 55*(6), 23-26.

作者在這篇短文中描述了孩童的寫作經驗對他們小學一年級閱讀發展的

影響。這篇文章是針對教師而寫的，且對教學實務有明確的啓發。

International Reading Association (IRA) & National Association for the
　　Education of Young Children (NAEYC). (1998, July). Learning to read and
　　write: Developmentally appropriate practices for young children. *Young
　　Children, 53*(4), 30-46.

IRA 和 NAEYC 一向致力於提倡適合兒童發展階段的幼兒讀寫教學。爲了
將這個教學觀念納入現今的閱讀研究，IRA 和 NAEYC 聯合發表了這篇
立場聲明，以闡述幼兒讀寫的本質以及教師幫助幼兒讀寫發展的正確方
法。

Jordan G.E., Snow, C.E., & Porche, M.V. (2000). Project EASE: The effect of a
　　family literacy project on kindergarten students' early literacy skills.
　　Reading Research Quarterly, 35, 524-547.

家庭對於幫助孩童的語言和讀寫發展上佔有一席之地，且其重要性已廣
受認定。可是，卻很少有研究發現家庭的直接介入對孩童發展有重大的
影響。所以，這篇文章特別重要，因爲它呈現了這方面的研究結果。此
外，本文所描述的方法可使用在其他學校與課程中。

Linder, T.W. (1999). *Read, play, and learn!: Storybook activities for young
　　children* (Collections 1 & 2 and Teacher's guide). Baltimore: Paul H.
　　Brookes Publishing Co.

此托兒所／幼稚園跨科統整課程是以遊戲爲主，內容包含了一學年份的
主題式故事書活動。本書也提供教師變化活動的方法，使教師可以提升
不同年齡和不同發展階段幼兒的讀寫萌發能力、語言／溝通能力、認知

能力和感覺運動技巧。

Manolson, A. (1992). *It takes two to talk: A parent's guide to helping children communicate*. Toronto: The Hanen Centre.

本書是為家長和幼教教師而寫的，文字淺顯易懂，內容為幫助孩童語言發展的多種策略。

McCabe, A. (1996). *Chameleon readers: Teaching children to appreciate all kinds of good stories*. New York: McGraw-Hill.

本書目標讀者為教師。作者認為，孩童說故事的方式會因著其文化背景而改變，而教育工作者必須讓孩童經歷多樣的敘事形式。

New Standards. (2001). *Speaking & listening for preschool through third grade*. Pittsburgh: National Center on Education and the Economy and the University of Pittsburgh.

本書是孩童語言發展的最新標準。它是一本語言發展指南，清楚地描述大部分三至八歲、得到良好語言支持的孩童會有的語言發展。隨書所附的 CD-ROM 收錄了孩童每個重要的語言表現階段。

Neuman, S.B., Copple, C., & Bredekamp, S. (2000). *Learning to read and write: Developmentally appropriate practices for young children*. Washington, DC: National Association for the Education of Young Children.

本書是 IRA/NAEYC 幼兒讀寫教學共同立場聲明的加長版，它提供了一套明確的原則，教導讀者如何以適合兒童發展階段的教學來促進孩童讀寫發展。

Notari-Syverson, A., O'Connor, R.E., & Vadasy, P.F. (1998). *Ladders to litera-cy: A preschool activity book*. Baltimore: Paul H. Brookes Publishing Co.

O'Connor, R.E., Notari-Syverson, A., & Vadasy, P.F. (1998). *Ladders to litera-cy: A kindergarten activity book*. Baltimore: Paul H. Brookes Publishing Co.

Ladders to Literacy 叢書提供了許多讓幼兒參與活動的有效方法，以促進早期語言和讀寫技巧。本書的活動描述很清楚明確，教導讀者如何使活動發揮最大的效用，以及應當提供孩童多少協助。

Schickedanz, J. (1999). *Much more than the ABC's: Early stages of reading and writing*. Washington, DC: National Association for the Education of Young Children.

本書作者為幼兒讀寫專家，且一直都有直接參與托兒所的幼兒教學。本書針對幼兒讀寫發展提出了深刻的洞察，並且為適合用來幫助孩童語言發展的教學策略提供了明確的原則。

Weitzman, E. (1992). *Learning language and loving it: A guide to promoting children's social and language development in early childhood settings*. Toronto: The Hanen Centre.

本書以幼兒園教師為讀者，清楚地教導如何與零至五歲孩童有效地溝通。本書有許多插圖，且以幼保專業人員為閱讀對象。

重要的研究報告和書籍

Adams, M.J. (1990). *Beginning to read: Thinking and learning about print*. Cambridge, MA: MIT Press.

這本舉足輕重的幼兒閱讀發展文獻回顧，爲音素覺識對幼兒閱讀的重要性提出了令人信服的闡述。

Bryant, D.M., Burchinal, M., Lau, L.B., & Sparling, J.J. (1994). Family and classroom correlates of Head Start children's developmental outcomes. *Early Childhood Research Quarterly, 9*, 289-310.

本文針對幼兒課室教學對孩童發展的影響有重要的闡釋。

Burchinal, M.R., Roberts, J.E., Riggins, Jr., R., Zeisel, S.A., Neebe, E., & Bryant, D. (2000). Relating quality of center-based child care to early cognitive and language development longitudinally. *Child Development, 71*, 339-357.

本文指出高品質的幼兒照護對孩童發展的重要性。

Cunningham, A.E., & Stanovich, K.E. (1997). Early reading acquisition and its relation to reading experience and ability 10 years later. *Developmental Psychology, 33*(6), 934-945.

這項引人注目的研究指出，孩童在幼稚園時期的讀寫技巧，與他們日後在高中的閱讀能力有很大的關連。

Dickinson, D.K., & Smith, M.W. (1994). Long-term effects of preschool teach-
　　ers' book readings on low-income children's vocabulary and story compre-
　　hension. *Reading Research Quarterly, 29,* 105-122.

本文作者描述多種閱讀教學方法，並指出在托兒所閱讀課裡不同的對話
方式對孩童語言學習的影響。

Dickinson, D.K., & Tabors, P.O. (Eds.). (2001). *Beginning literacy with lan-
　　guage: Young children learning at home and in school.* Baltimore: Paul H.
　　Brookes Publishing Co.

本書根據從家庭和教室廣泛收集而來的語料，指出家庭和教室經驗對低
收入戶幼兒的語言和讀寫發展有何影響。本書是為已具備相關知識的教
學實務者而寫，文中並深入描述了四個孩子的語言發展。然而本書也提
供了充分的資料，以滿足研究者的需要。

Ehri, L.C., Nunes, S.R., Willows, D.M., Schuster, B.V., Yaghoub-Zahed, Z., &
　　Shanahan, T. (2001). Phonemic awareness instruction helps children learn to
　　read: Evidence from the National Reading Panel's meta-analysis. *Reading
　　Research Quarterly, 36*(3), 250-287.

一群學者接受美國國會的委託，將經由嚴謹科學實證的幼兒讀寫研究加以
整理回顧，而音素覺識正是其中一組學者的主題。本文即他們的文獻回顧
成果。

Gee, J.P. (1992). *The social mind: Language, ideology, and social practice.*
　　New York: Bergin & Garvey.

這是一本學術理論著作，針對社會、語言與讀寫之間的關係提出許多精

關的論點。作者運用了讓讀者感興趣的方式,來討論其複雜的觀點。

Hart, B., & Risley, T.R. (1995). *Meaningful differences in the everyday lives of American children*. Baltimore: Paul H. Brookes Publishing Co.

這本指標性著作是一項長期追蹤研究的心血結晶,探討的主題為不同經濟背景家庭出身的幼兒的語言經驗和語言成長歷程。它的研究結果令人驚訝,但也赤裸真實,那就是在經濟、教育上佔優勢的孩童與處於劣勢的孩童之間,存在著巨大的語言能力差距。

Heath, S.B. (1982). What no bedtime story means: Narrative skills at home and school. *Language in Society, 11*(1), 49-76.

本文以閱讀床邊故事為研究主題,比較三個美國南部社區的語言使用模式與閱讀之間的關連性。

Heath, S.B. (1983). *Ways with words: Language, life and work in communities and classrooms*. Cambridge, England: Cambridge University Press.

這項 Heath 所進行的人類學研究可說是二十世紀最重要的語言使用研究之一。研究結果指出,不同社群的家庭在與孩子說話的時候,所使用的語言也不一樣。本文算得上是最易讀的嚴肅學術著作之一。

Neuman, S.B. (1999). Books made a difference: A study of access to literacy. *Reading Research Quarterly, 34*, 286-311.

本研究是探討不同社群孩童在書籍取得上的難易度差異。

Neuman, S.B., & Dickinson, D. (Eds.). (2001). *Handbook of early literacy research*. New York: Guilford Press.

學者們對幼兒讀寫萌發研究所付出的努力，在二十世紀的末了寫下了豐富的一頁。本書是第一本關於讀寫萌發的手冊，所含章節是由許多該領域最傑出的學者所撰寫。

Peisner-Feinberg. E.S., & Burchinal, M.R. (1997). Relations between preschool children's child-care experiences and concurrent development: The Cost, Quality, and Outcomes Study. *Merrill-Palmer Quarterly, 43*, 451-477.

本文是「Cost, Quality, and Outcomes Study」的研究報告（譯註：Cost, Quality, and Outcomes Study 係一項長期研究，其研究主題是幼兒托育的品質對孩童在校表現和技能發展的影響，詳見 http://www.fpg.unc.edu/NCEDL/PAGES/cq.cfm）。此篇文章更進一步支持了提供高品質幼兒照護的重要性。

Snow, C.E. (1983). Literacy and language: Relationships during the preschool years. *Harvard Educational Review, 53*, 165-189.

本文為文雖早，但仍有其重要性，且對語言和讀寫之間的關連性有清楚的描述。

Snow, C.E., Barnes, W.S., Chandler, J., Goodman, I.F., & Hemphill, L. (1991). *Unfulfilled expectations: Home and school influences on literacy.* Cambridge, MA: Harvard University Press.

本書是一項早期的長期追蹤研究結果報告，探究家庭和學校雙方對孩童發展的貢獻。本研究結果指出早期家庭經驗的重要性，此外，家庭對兒童發展有長久的影響力，且孩童會因著良好的課室教學而受益。

Snow, C.E., Burns, M.S., & Griffin, P. (Eds.). (1998). *Preventing reading diffi-culties in young children*. Washington, DC: National Academy Press.

本書為一項由美國國家研究委員會委託進行之幼兒讀寫研究的結果報告，其目的是為了藉此終結美國社會的「閱讀論戰」。研究結果強調提供幼兒良好讀寫經驗的重要性，並呼籲應加強教師的訓練。

Sulzby, E., & Teale, W. (1991). Emergent literacy. In R. Barr, M. Kamil, P. Mosenthal, & P.D. Pearson (Eds.), *Handbook of reading research* (Vol. 2, pp. 727-758). New York: Longman.

本章節為一具有權威性的讀寫萌發階段文獻回顧，文中提及了大量的相關研究。在本文出版的前十年間，此學術領域有著十分蓬勃的發展。本文對於幼兒讀寫研究重要性的一些議題提出了重要的觀點。

Whitehurst, G.J., & Lonigan, C.J. (1998). Child development and emergent lit-eracy. *Child Development, 69*(3), 848-872.

本文為前篇文章之姊妹作。文中回顧了讀寫萌發階段的文獻，並提出了一個理論架構，以看待經驗與讀寫技巧之間的關係。

技術性資料附錄

　　ELLCO 工具集共有三部分，而本附錄的目的是為了提供此三部分心理計量特性的技術性資訊。自從發展本工具以來 [1]，此工具集已經過預試，且為數項研究計畫所採用，包括自 1995 至 2000 年由「起步計畫」（Head Start）所資助的新英格蘭品質研究中心（New England Quality Research Center，簡稱 NEQRC）在 150 個托兒所課室內所進行的研究，以及執行迄今的讀寫環境改善計畫（Literacy Environment Enrichment Project，簡稱 LEEP），二者皆隸屬麻州牛頓市教育發展中心（Education Development Center, Inc.）的兒童與家庭中心（Center for Children & Famlies）。在 LEEP 計畫中，ELLCO 工具集的「課室觀察」是用來作為介入組和對照組教學前後的測量工具，並於春秋兩季對超過 60 個課室施測。所有從研究計畫收集來的資料都與低收入家庭或低收入社區兒童的語言和讀寫發展有關。因此，本文所呈現的資料皆來自低收入社區的社區中心與課室。

　　本附錄的資料來自 NEQRC 計畫的 30 間課室以及 LEEP 計畫的 117 間課室。研究者在每間 NEQRC 計畫的課室觀察一次，在大部分 LEEP 計畫的課室

---

[1] 和大部分測量工具的情形一樣，ELLCO 工具集過去也曾因實際的使用狀況和使用者的意見回饋而經歷數次修改。

觀察兩次（即秋季和春季各一次），但在少部分 LEEP 計畫的課室則會觀察三次。用來計算平均值、相關程度和 Cronbach's alpha 信度係數的資料中，每進行一次課室參訪就算是觀察一次。至於在分析穩定性與變化程度的資料中（只有 LEEP 課室的資料），每個 LEEP 課室只算一次，且將春秋兩季的分數視爲區別變項。

「讀寫環境檢核表」的心理計量特性

　　「讀寫環境檢核表」的心理計量特性是根據 NEQRC 計畫的第四年與 LEEP 計畫第一至三年的資料。NEQRC 計畫的資料收集於 1998-1999 年冬季（$n = 29$）（譯註：本文的 n 爲總數之意）。至於 LEEP 計畫，第一年的資料收集於 1998 年秋季（$n = 26$）和 1999 年春季（$n = 26$），第二年的資料收集於 1999 年秋季（$n = 42$）和 2000 年春季（$n = 38$），第三年的資料則收集於 2000 年秋季（$n = 47$）和 2001 年春季（$n = 47$）。雖然實際子樣本的大小會因爲分析種類的不同而改變，但這個計畫的總樣本數達 255 之多。許多參與此計畫的課室也都參與了「起步計畫」。和「課室觀察」不同的是，「讀寫環境檢核表」和「讀寫活動評分量表」只使用於托兒所的課室研究，而且它們是特別設計來幫助我們辨別讀寫介入在課室裡所造成的影響。這兩個工具不曾用來預測孩童的成長；反之，它們曾和「課室觀察」並用以確定某項讀寫介入產生了多少成效。

評分者間信度

　　對觀察者施以良好的訓練是「讀寫環境檢核表」作爲學術研究用途的基石。我們要求有意成爲觀察者的人士必須熟悉幼兒讀寫發展的理論，並對於常

用於課室的教學方法要有所了解。想成為觀察者的人必須接受為時一天的 **ELLCO** 工具集訓練講習，課程內容包括語言和讀寫發展的背景、工具集的說明以及錄影範例；隔天學員會在有人從旁輔導的情況下，練習使用此工具集。在觀察者經過適當的訓練和監督輔導之後，我們很容易就達到了 88% 的平均評分者間信度[2]。

一般統計資料

　　基於所認同的學術理論和資料的初步分析結果，我們為「讀寫環境檢核表」設立三個彙總變項，即**圖書**小計、**書寫**小計和**總分**。圖書小計包括「圖書區」、「圖書的選擇」和「圖書的使用」類別中所有的子項，而**書寫**小計則包括「書寫材料」及「教室週遭的書寫」類別中所有的子項。表 1 的「讀寫環境檢核表」描述統計資料是從 NEQRC 和 LEEP 研究計畫（$n = 255$）收集而來。

表 1 「讀寫環境檢核表」描述統計資料與總分（$n = 255$）				
複合變項	平均值	標準差	最小值	最大值
圖書小計	11.13	3.90	2.00	20.00
書寫小計	10.44	4.22	1.00	20.00
讀寫環境檢核表總分	21.57	7.37	5.00	40.00

[2] 評分者間信度是計算不同評分者間的同意百分比。

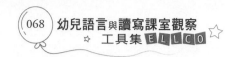

信度分析

　　分析信度是爲了要檢驗「讀寫環境檢核表」的內部一致性。表 2 顯示**總分**和兩個小計的 alpha 係數。總分的 Cronbach's alpha 係數爲.84，代表此檢核表有良好的內部一致性。所有子項與總和之間呈中度至高度相關（$r = .15$ 至 $r = .55$）。

　　圖書小計的 Cronbach's alpha 係數爲.73，代表這個複合變項有良好的內部一致性。除了「圖書區」的第 1 項（「有沒有一個專供閱讀的區域？」）的相關係數爲.16 之外，所有的子項與總和之間都呈中度相關（$r = .21$ 至 $r = .54$）。

　　書寫小計的 Cronbach's alpha 係數爲.75，和前者一樣，它的內部一致性稍低，但仍可接受。就所有子項與總和之間的相關係數而言，其中以「書寫材料」的第 15 項（「有沒有模板或工具可以幫助孩童畫出字母的外形？」）與總和的相關係數.21 爲最低，並以「教室週遭的書寫」第 21 項（「在教室裡展示的孩童書寫有幾種？」）與總和的相關係數.59 爲最高。

表 2 「讀寫環境檢核表」的 Cronbach's alpha 係數（$n = 255$）	
複合變項	Alpha 係數
圖書小計	.73
書寫小計	.75
讀寫環境檢核表總分	.84

穩定性與變化程度的測量

　　根據參與 LEEP 計畫的課室所提供的資料，我們將「讀寫環境檢核表」測

量長期穩定性與變化程度的能力列於表 3 。LEEP 計畫三年來的平均分數顯示，介入組其秋季得分在「讀寫環境檢核表」的三個向度上面都略高於對照組 [3] 。在春季，對照組在**總分**與**圖書**小計有顯著的變化，但在**書寫**小計仍保持穩定。與期待的結果相同的是，介入組的分數從秋季到春季在各分類都有顯著的變化。這些變化使介入組的得分在各分類都與對照組的得分有顯著差異，**並且**與介入組秋季的各分類得分有統計上的顯著差異。

由這些資料可知，「讀寫環境檢核表」可敏銳察覺課室裡的變化。我們看到對照組的課室有些許改變，而介入組的課室變化就更大了。所以，我們有充足的證據顯示這個工具已具備教學敏感度。就目前的證據來看，這個檢核表測量穩定度的能力較不明確；但是，我們相信在對照組課室為期超過五個月所觀察到的微小變化，可以說明它在這方面具有一定程度的能力。

表 3 讀寫環境改善計畫（LEEP）於第一至三年間春秋兩季使用「讀寫環境檢核表」所獲得之穩定性與變化程度平均分數

| | 秋季 | | 春季 | |
| | 對照組 | LEEP 計畫 | 對照組 | LEEP 計畫 |
複合變項	($n = 38$)	($n = 40$)	($n = 38$)	($n = 40$)
圖書小計	9.25	10.53	10.45 ($t = 3.27, p < .01$)	14.84 ($t = 7.18, p < .001$)
書寫小計	8.77	11.21	9.12 ($t = 1.14, p =$ n.s.)	14.26 ($t = 5.72, p < .001$)
讀寫環境檢核表總分	18.12	20.86	19.52 ($t = 2.87, p < .01$)	29.03 ($t = 7.82, p < .001$)

n.s.指未達顯著水準。

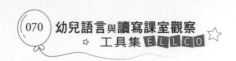

「課室觀察」的心理計量特性

　　「課室觀察」和 ELLCO 工具集的其他工具一樣爲 NEQRC 和 LEEP 研究計畫所採用。一項賓州公立學校改善計畫也曾使用過這個工具，針對從幼稚園至五年級課室進行觀察。此外，這個工具也曾用於康乃狄克州和緬因州的學校。在這些場合裡，人們用「課室觀察」來收集課室品質的資料，並且根據它來討論課室品質的議題。

　　「課室觀察」的心理計量特性是根據 NEQRC 計畫的第四年與 LEEP 計畫第一至三年的資料分析結果。 NEQRC 計畫的資料收集於 1998-1999 年冬季（$n = 29$）。至於 LEEP 計畫，第一年的資料收集於 1998 年秋季（$n = 27$）和 1999 年春季（$n = 27$），第二年的資料收集於 1999 年秋季（$n = 42$）和 2000 年春季（$n = 38$），第三年的資料則收集於 2000 年秋季和 2001 年春季，收集地點爲新英格蘭（秋季 $n = 34$；春季 $n = 37$）和北卡羅萊納州（秋季 $n = 37$；春季 $n = 37$）。雖然實際子樣本的大小會因爲分析種類的不同而改變，但這個計畫的總樣本數達 308 之多。和 ELLCO 工具集的其他工具一樣，「課室觀察」所提出的資料皆來自低收入社區的社區中心與課室。

評分者間信度

　　如同之前在「讀寫環境檢核表」所述，對觀察者施以良好的訓練是「課室

---

[3] 關於 LEEP 研究計畫的秋季得分，LEEP 介入組和對照組只有在「讀寫環境檢核表」的書寫小計有顯著差異（$t = -2.62, p<.05$）。

觀察」作為學術研究用途的基石。沒有經驗的觀察者將會與有經驗的觀察者一起進行首次觀察，以確保新手觀察者能按「課室觀察」中的評分規準正確評分，不會發生混淆的情形。在觀察者經過適當的訓練和監督輔導之後，這個「課室觀察」工具就能經常達到 90% 以上的評分者間信度。

一般統計資料

　　基於所認同的學術理論和資料的初步分析結果，我們為「課室觀察」設定三個彙總變項，即（1）**一般課室環境**小計，（2）**語言、讀寫和課程**小計，和（3）**總分**。「電子器材的陳設與使用」項目尚有疑問[4]，故此項目從所有的總體描述與分析剔除。這兩個小計所包含的項目如下：

一般課室環境小計

1. 課室安排
2. 課室內容
4. 孩童選擇的機會和主動學習的機會
5. 教室管理策略
6. 教室氣氛

---

[4]「尚有疑問」意指此項目的得分與其他項目的得分彼此並無相關，也就是說，能夠有效使用電子器材和「課室觀察」其他項目所代表的能力有所不同。而且，「電子器材的陳設與使用」這個項目的得分很明顯地與一般課室環境小計和語言、讀寫和課程小計無關。所以，此項目不算在整個工具的平均值之中，並且從 Cronbach's alpha 係數的計算中剔除。308 間課室在此項目的平均值為 2.45，標準差為 1.09，最小值為 1.0，最大值為 5.0。

語言、讀寫和課程小計

7. 口語的促進

8. 書籍的多寡與擺設

9P. 教導閱讀書籍的方法（托兒所及幼稚園版本）

10P. 教導孩童書寫的方法（托兒所及幼稚園版本）

11. 課程統整的方法

12. 認識教室裡的多元性

13. 增進家庭對讀寫的支持

14. 評量的方法

　　為了計算這些小計，我們從全英格蘭的課室收集資料。課室裡的學生多來自低收入家庭的孩童，且這些課室所提供的資料能夠符合我們觀察的面向。和「讀寫環境檢核表」的情形一樣，許多參與此計畫的課室也都參與了「起步計畫」。表 4 和表 5 所呈現的「課室觀察」描述統計資料是從 NEQRC 和 LEEP 研究計畫（$n = 308$）收集而來。

表 4　「課室觀察」描述統計資料與總分（$n = 308$）				
複合變項	平均值	標準差	最小值	最大值
一般課室環境小計	3.44	0.79	1.20	5.00
語言、讀寫和課程小計	3.02	0.75	1.13	5.00
課室觀察總分	3.15	0.71	1.29	5.00

表 5	共 308 間課室依「課室觀察」的評分規準評分，給分範圍為 5 分、3 分和 1 分之間。這些課室的得分頻率可分為三類，即高度支持（3.51 分至 5 分之間）、基本支持（2.51 分至 3.50 分之間）與低度支持（等於或小於 2.5 分）

複合變項	高度支持	基本支持	低度支持
一般課室環境小計	47.4%（146）	42.2%（130）	10.4%（32）
語言、讀寫和課程小計	24.0%（74）	45.8%（141）	30.2%（93）
課室觀察總分	27.9%（86）	52.6%（162）	19.5%（60）

信度分析

　　「課室觀察」的資料係取自 308 間課室，而分析信度就是為了要檢驗這些資料的內部一致性。表 6 呈現的是兩個複合變項（**一般課室環境**小計與**語言、讀寫和課程**小計）以及**總分**的 Cronbach's alpha 係數，在這裡，**總分**指的是「課室觀察」所有被分析項目的總分。

　　一般課室環境小計的 Cronbach's alpha 係數為.83，代表這個複合變項有良好的內部一致性。除了第 2 項「課室內容」以外，所有的子項與總和之間都呈高度相關，且係數值在.60（第 1 項「課室安排」）至.75（第 6 項「教室氣氛」）之間。第 2 項「課室內容」與總和的相關性最低，但仍呈現中度相關（$r = .53$）。

　　語言、讀寫和課程小計的 Cronbach's alpha 係數為.86，代表這個複合變項有良好的內部一致性。所有的子項與總和之間呈中度至高度相關，且係數值在.55（第 8 項「書籍的多寡與擺設」）與.65（第 13 項「增進家庭對讀寫的支持」）之間。

　　總分的 Cronbach's alpha 係數為.90，代表「課室觀察」包含的所有子項具有良好的內部一致性。所有子項與總和之間呈中度至高度相關（$r = .39$ 至 $r = .68$）。

表 6 　「課室觀察」的 Cronbach's alpha 係數（$n = 308$）	
複合變項	**Alpha 係數**
一般課室環境小計	.83
語言、讀寫和課程小計	.86
課室觀察總分	.90

穩定性與變化程度的測量

　　我們在第一至三年的春秋二季觀察 LEEP 計畫的課室，以了解「課室觀察」測量長期變化的能力。介入組的教師必須花一年修習幼兒語言與讀寫，而對照組的教師則不必。從對照組課室取得的資料可得知「課室觀察」測量長期穩定性與變化程度的能力（見表 7）。

　　在秋季時，兩組一開始在「課室觀察」三個向度的得分近似。對照組整體的分數稍低於介入組，但二者之間無顯著差異。到了春季，對照組的分數整體上雖稍有增加，但仍維持穩定，也就是說分數從秋季到春季沒有明顯的變化。與期待的結果相同的是，介入組的分數從秋季到春季在各分類都有顯著的變化。這些變化使介入組在各分類的得分都與對照組的得分有顯著差異，**並且**與介入組秋季的各分類得分有統計上的顯著差異。

　　從對照組的資料我們可以下一個初步的結論，那就是「課室觀察」工具可以測得課室品質的**穩定性**。也就是說，這個工具擁有良好的再測信度。這些資

料亦顯示「課室觀察」可以測得課室品質的因讀寫活動而產生的**變化**。發現這些現象的資料來源有兩個：一為得分從秋季到春季的成長，二為介入組和對照組之間的差異。這些資料證明了這是一個具有**教學敏感度**的工具。教學敏感度這個概念已成為衡量研究工具的一個新的標準。這些資料顯示，「課室觀察」不但是個穩定的工具，而且能夠站在它本身對於適當的幼兒讀寫教學實務的預設立場上，察覺到讀寫教學的變化。

表 7 | 讀寫環境改善計畫（LEEP）於第一至三年間春秋兩季使用「課室觀察」所獲得之穩定性與變化程度平均分數

複合變項	秋季		春季	
	對照組 （*n* = 65）	LEEP 計畫 （*n* = 42）	對照組 （*n* = 65）	LEEP 計畫 （*n* = 42）
一般課室環境小計	3.26	3.61	3.42 （*t* = 1.96, *p* = n.s.）	3.91 （*t* = 2.26, *p* < .05）
語言、讀寫和課程小計	2.85	3.01	2.93 （*t* = 1.13, *p* = n.s.）	3.75 （*t* = 5.50, *p* < .0001）
課室觀察總分	2.97	3.19	3.08 （*t* = 1.53, *p* = n.s.）	3.74 （*t* = 4.88, *p* < .0001）

n.s.指未達顯著水準。

與另一被廣泛使用的工具的相關性

在 NEQRC 計畫裡，「課室觀察」曾和另一個工具教室剖面圖（Classroom Profile; Abbott-Shim & Sibley, 1998）共用。教室剖面圖是一個被廣泛使用的工具，目的是用來評量幼兒課室的整體品質。我們之所以會發展「課室觀察」這

個工具，其中一個原因就是現有的工具無法適當或有系統地處理幼兒語言和讀寫經驗或課室特徵，然而，我們都知道，這些經驗和特徵對讀寫發展是有幫助的（Dickinson & Tabors, 2001）。因此，我們相信當「課室觀察」和其他工具一起使用時，可以展現不同的效度，也就是說，「課室觀察」這個工具所測量的對象在性質上是不一樣的。為了檢驗這個假設，我們計算兩個工具之間的相關程度，也就是「課室觀察」的三個複合變項（即**一般課室環境**小計，**語言、讀寫和課程**小計，以及**課室觀察總分**）與我們所使用的教室剖面圖的兩個變項小計（即 Learning Environment 和 Scheduling）原始分數之間的相關性。結果，我們發現「課室觀察」的三個複合變項與教室剖面圖的學習環境（Learning Environment）小計呈中度相關（$r = .41$、.31 和.44），但與時間表（Scheduling）小計則無相關（$r = .12$、.09 和.07）。因為教室剖面圖的學習環境與「課室觀察」呈中度相關，所以我們認為學習環境小計的效度與「課室觀察」類似。而「課室觀察」與時間表小計之間無相關性則意味「課室觀察」具有不同的效度，因為開發「課室觀察」這個工具就是為了要讓它所測量的對象與 Scheduling 所測量的對象不同。

預測孩童的表現

對一個用來評量讀寫支持品質的工具而言，最重要的一項檢驗，就是這個工具是否能預測孩童的讀寫發展。「課室觀察」曾被使用於探討相關性的研究，而且它亦為階層線性模式所採用，以確認課室品質的哪些特徵可增加孩童的接受性字彙〔測量工具為《畢保德圖畫詞彙測驗第三版》（Peabody Picture Vocabulary Test － Third Edition; Dunn & Dunn, 1997）〕以及幼兒讀寫的得分（測量工具為早期讀寫發展剖面圖（Profile of Early Literacy Development; Dickinson & Chaney, 1998）。這個複雜的分析方法可以找出孩童得分不同的原因，分辨到

底是孩童背景（例如收入、性別）所造成的課室差異，還是孩童的課室經驗所造成的差異。第一級模式爲組間變異的檢驗，它的變項包括在家使用的語言（英語、西班牙語或其他）、性別和年齡。無法用背景因素解釋的變異數（字彙15％，讀寫20％）則歸類爲課室因素。當檢驗與課室有關的變異時，我們發現「課室觀察」得分達字彙的組間變異數的 80％ 以及幼兒讀寫的組間變異數的67％（Dickinson et al., 2000）。雖然這些分析顯示「課室觀察」有預測孩童成就的能力，但這也證明了一件事，那就是低收入家庭孩童所就讀的托兒所，其課室品質在支持孩童的字彙成長和早期讀寫發展上扮演了重要的角色。

「讀寫活動評分量表」的心理計量特性

　　「讀寫活動評分量表」和 ELLCO 工具集的「課室觀察」與「讀寫環境檢核表」一樣爲 NEQRC 和 LEEP 研究計畫所採用，且所提出的資料皆來自低收入社區的社區中心與課室。「讀寫環境檢核表」的心理計量特性是根據 NEQRC計畫的第四年與 LEEP 計畫第一至三年的資料。 NEQRC 計畫的資料收集於1998-1999 年冬季（$n = 30$）。至於 LEEP 計畫，第一年的資料收集於 1998 年秋季（$n = 28$）和 1999 年春季（$n = 28$），第二年的資料收集於 1999 年秋季（$n = 42$）和 2000 年春季（$n = 40$），第三年的資料則收集於 2000 年秋季（$n = 47$）和2001 年春季（$n = 47$）。雖然實際子樣本的大小會因爲分析種類的不同而改變，但這個計畫的總樣本數達 262 之多。和「讀寫環境檢核表」情況一樣，「讀寫活動評分量表」只用於托兒所的課室研究，且許多參與此計畫的課室也都參與了「起步計畫」。

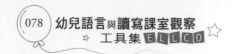

評分者間信度

　　觀察者所經歷的訓練，和「課室觀察」與「讀寫環境檢核表」評分者間信度一節所描述的訓練過程是一致的。沒有經驗的觀察者將會與有經驗的觀察者一起進行首次觀察。我們沒有保留「讀寫活動評分量表」評分者間信度的正式資料，因為這個工具一向只用來描述課室參訪當中觀察到的活動。然而，一起參訪課室的觀察者在評分上達成共識並不困難。在觀察者經過適當的訓練和監督輔導之後，這個「課室觀察」工具的評分者間信度可達 81%。

一般統計資料

　　基於所認同的學術理論和資料的初步分析結果，我們為「讀寫活動評分量表」設立三個彙總變項，即**全體閱讀活動**小計、**書寫**小計和**總分**。量表中的第 4 項為「你是否觀察到有成人參與一對一閱讀或小組閱讀活動？」第 5 項為「是否撥出時間讓孩子獨自閱讀或和朋友一起閱讀？」但因這兩個項目尚有疑問，所以**總分**包括此二項目之外的所有子項，而且也將這兩個項目從所有的分析中剔除。**全體閱讀活動**小計包括第 1 至 3 項，所評量內容為觀察到的閱讀活動數量、團體閱讀總共花費的時間以及閱讀的書籍數。**書寫**小計則包括第 6 至 9 項，內容包括對孩童書寫的觀察，以及成人對孩童書寫的協助或示範。表 8「讀寫活動評分量表」的描述統計資料是從 NEQRC 和 LEEP 研究計畫（$n = 262$）收集而來。

表 8 「讀寫活動評分量表」描述統計資料與總分（*n* = 262）				
複合變項	平均值	標準差	最小值	最大值
全體閱讀活動小計	2.86	1.95	0	6.00
書寫小計	2.10	1.39	0	5.00
讀寫活動評分量表總分	5.80	2.63	0	13.00

信度分析

分析信度是為了要檢驗「讀寫活動評分量表」的內部一致性。表 9 顯示**總分**（第 4 和第 5 項剔除不計）和兩個小計的 alpha 係數。總分的 Cronbach's alpha 係數為.66，代表此檢核表內部一致性稍低，但仍可接受。就所有子項與總和之間的相關係數而言，其中以第 9 項（「是否有成人示範書寫？」）的相關係數.17 為最低，並以第 1 項（「你觀察到幾次全體閱讀活動？」）的相關係數.49 為最高。

全體閱讀活動小計的 Cronbach's alpha 係數為.92，代表這個複合變項的內部一致性極好。所有子項與總和之間呈高度相關（*r* = .79 至 *r* = .88）。**書寫**小計的 Cronbach's alpha 係數為.73，代表著具有良好的內部一致性。所有子項與總和之間呈中度至高度相關，其中以第 9 項（「是否有成人示範書寫？」）的相關係數.37 為最低，並以第 7 項（「是否看到孩子試著寫字母或單字？」）的相關係數.64 為最高。基於「讀寫活動評分量表」的二個子量表具有良好的心理計量特性，我們建議將兩個小計分開使用，不要用總分的分數。

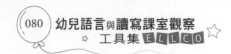

表 9 「讀寫活動評分量表」的 Cronbach's alpha 係數（n = 262）	
複合變項	Alpha 係數
全體閱讀活動小計	.92
書寫小計	.73
讀寫活動評分量表總分	.66

穩定性與變化程度的測量

　　根據參與 LEEP 計畫的課室所提供的資料，我們將「讀寫活動評分量表」測量長期穩定性與變化程度的能力列於表 10。我們藉由檢驗 LEEP 計畫課室與對照組春秋兩季的得分來了解「讀寫活動評分量表」的**穩定度**。我們發現介入組在**總分**與**全體閱讀活動**小計上沒有顯著差異，但在**書寫**小計則有顯著差異。反之，對照組在兩個小計上有顯著差異，但在**總分**上則沒有顯著差異。所以我們可以得到一個結論，那就是「讀寫活動評分量表」在「書籍閱讀」類別以及這個量表的整體上是很穩定的，但是「書寫」類別則相對上可能較不穩定，究其原因，有可能是兒童在一年的課程中因讀寫技巧的習得而造成其發展上的變化所致。從 LEEP 計畫收集到的資料證明了「讀寫活動評分量表」是一個具有**教學敏感度**的工具，在這些資料中，我們注意到秋季到春季各個向度都有明顯的變化。

表 10	讀寫環境改善計畫（LEEP）於第一至三年間春秋兩季使用「讀寫活動評分量表」所獲得之穩定性與變化程度平均分數			

| | 秋季 | | 春季 | |
| | 對照組 | LEEP 計畫 | 對照組 | LEEP 計畫 |
複合變項	（n = 38）	（n = 53）	（n = 38）	（n = 53）
全體閱讀活動小計	2.13	2.79	1.47	2.89
			（t = -2.07, p < .05）	（t = 0.28, p = n.s.）
書寫小計	1.57	2.17	2.16	2.68
			（t = 2.81, p < .01）	（t = 2.18, p < .05）
讀寫活動評分量表總分	4.70	5.73	4.70	6.68
			（t = 0, p = n.s.）	（t = 1.94, p = n.s.）

n.s.指未達顯著水準。

ELLCO 工具集測量方法之間的相關性

　　表 11 內容為 ELLCO 工具集三個工具之間的相關性（n = 248）。這些分析所包含的變項如下：

　　1. 圖書小計，書寫小計，讀寫環境檢核表總分

　　2. 一般課室環境小計，語言、讀寫和課程小計，課室觀察總分

　　3. 全體閱讀活動小計，書寫小計，讀寫活動評分量表總分

表 11　NEQRC (New England Quality Research Center) 的第四年資料與 LEEP (Literacy Environment Enrichment Project) 第一至二年資料的相關性 (n = 92)

複合變項	讀寫環境檢核表			課室觀察			讀寫活動評分量表	
	1	2	3	4	5	6	7	8
1. 讀寫環境檢核表：圖書	—							
2. 讀寫環境檢核表：書寫	.62***	—						
3. 讀寫環境檢核表總分	.89***	.90***	—					
4. 課室觀察：一般課室環境	.47***	.51***	.53***	—				
5. 課室觀察：語言、讀寫和課程	.65***	.64***	.69***	.69***	—			
6. 課室觀察總分	.62***	.63***	.67***	.87***	.95***	—		
7. 讀寫活動評分量表：全體閱讀活動	.10	.11	.11	.06	.14*	.11	—	
8. 讀寫活動評分量表：書寫	.36***	.43***	.43***	.37***	.47***	.46***	.04	—
9. 讀寫活動評分量表總分	.33***	.37***	.38***	.31***	.44***	.41***	.75***	.63***

$*p < .05$　　$**p < .01$　　$***p < .001$

　　我們發現**語言、讀寫和課程**小計與**一般課室環境**小計各與**課室觀察總分**呈高度相關（*r* = .95 和 .87），然而，這兩個小計之間的相關性沒有那麼高（*r* = .69）。這兩個「課室觀察」子量表之間的中度相關性證明了一件事，那就是我們應將這兩個子量表分開使用才對。

　　此外，**課室觀察**的三個變項與「讀寫環境檢核表」的**圖書**小計和**書寫**小計呈中度至高度相關，它們與**圖書**小計的相關係數分別為.65、.47 和.62，與**書寫**小計的相關係數分別為.64、.51 和.63。**讀寫環境檢核表總分**與**課室觀察**的得分之間則呈現了更高的相關性（*r* = .67、.69 和.53）。檢核表的**圖書**小計和**書寫**小計與**讀寫環境檢核表總分**之間具有高度相關（*r* = .89 和.90），但彼此之間的相關程度沒那麼高（*r* = .62）。

　　讀寫活動評分量表總分和**書寫**小計與**課室觀察**三變項的得分呈中度相關，**讀寫活動評分量表**與**課室觀察**三變項的相關係數分別為.44、.31 和.41，**書寫**小計與**課室觀察**三變項的相關係數分別為.47、.37 和.46。雖然**全體閱讀活動**小計與**課室觀察總分**之間以及與**一般課室環境**小計之間在統計上無顯著相關（*r* 值分別為.11 和.06），但是它與**語言、讀寫和課程**小計卻達到顯著相關。**讀寫活動評分量表總分**和**書寫**小計與「讀寫環境檢核表」三變項得分之間皆呈中度相關；**讀寫活動評分量表總分**與「讀寫環境檢核表」三變項得分的相關係數分別為.38、.33 和.37，**書寫**小計與此三變項得分的相關係數則分別為.43、.36 和.43。至於**全體閱讀活動**小計則與檢核表三變項的得分無顯著相關（*r* = .11、.10 和.11）。**全體閱讀活動**小計和**書寫**小計與**讀寫活動評分量表總分**之間皆呈高度相關（*r* = .75 與.63）；然而，二小計之間統計上並無顯著相關，意即此二子量表測量的是不同的構念。

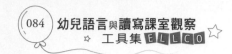
□ □ 參考文獻 □ □

Abbott-Shim, M., & Sibley, A. (1998). *Assessment Profile for Early Childhood Programs.* Atlanta, GA: Quality Assist.

Dickinson, D.K., & Chaney, C. (1998). *Profile of Early Literacy Development.* Newton, MA: Education Development Center, Inc.

Dickinson, D.K., Sprague, K., Sayer, A., Miller, C., Clark, N., & Wolf, A. (2000). Classroom factors that foster literacy and social development of children from different language backgrounds. In M. Hopman (Chair), *Dimensions of program quality that foster child development: Reports from 5 years of the Head Start Quality Research Centers.* Poster session presented at the biannual National Head Start Research Conference, Washington, DC.

Dickinson, D.K., & Tabors, P.O. (Eds.). (2001). *Beginning literacy with language: Young children learning at home and school.* Baltimore: Paul H. Brookes Publishing Co.

Dunn, L.M., & Dunn, L.M. (1997). *Peabody Picture Vocabulary Test–Third Edition.* Circle Pines, MN: American Guidance Service.

國家圖書館出版品預行編目資料

幼兒語言與讀寫課室觀察工具集——使用指南
Miriam W. Smith 等著;張鑑如、善雲譯.
-- 初版. -- 臺北市:心理, 2007.09
　面;公分. --(幼兒教育;107)
參考書目:面
譯自:User's guide to the Early language & literacy clas-
　sroom observation : toolkit (research Ed.)
ISBN 978-986-191-076-5(平裝)

1. 語文教學　2. 幼兒語言發展　3. 幼兒教育

523.23　　　　　　　　　　　　　　　96018042

幼兒教育 107　　**幼兒語言與讀寫課室觀察工具集[使用指南]**

作　　　者:Miriam W. Smith & David K. Dickinson,
　　　　　　Angela Sangeorge & Louisa Anastasopoulos
譯　　　者:張鑑如、善雲
執 行 編 輯:陳文玲
總 編 輯:林敬堯
發 行 人:洪有義
出 版 者:心理出版社股份有限公司
社　　　址:台北市和平東路一段 180 號 7 樓
總　　　機:(02) 23671490　傳　真:(02) 23671457
郵　　　撥:19293172 心理出版社股份有限公司
電 子 信 箱:psychoco@ms15.hinet.net
網　　　址:www.psy.com.tw
駐 美 代 表:Lisa Wu　tel: 973 546-5845　fax: 973 546-7651
登 記 證:局版北市業字第 1372 號
電 腦 排 版:辰皓國際出版製作有限公司
印 刷 者:辰皓國際出版製作有限公司
初 版 一 刷:2007 年 9 月